KB230486

2018
세상 구경

2018
세상 구경

펴 낸 날   2018년 6월 30일

지 은 이   김정숙
펴 낸 이   최지숙
편집주간   이기성
편집팀장   이윤숙
기획편집   이민선, 최유윤, 정은지
표지디자인   이윤숙
책임마케팅   임용섭
펴 낸 곳   도서출판 생각나눔
출판등록   제 2008-000008호
주   소   서울시 마포구 동교로 18길 41, 한경빌딩 2층
전   화   02-325-5100
팩   스   02-325-5101
홈페이지   www.생각나눔.kr
이 메 일   bookmain@think-book.com

• 책값은 표지 뒷면에 표기되어 있습니다.
  ISBN 978-89-6489-867-3 (03810)

• 이 도서의 국립중앙도서관 출판 시 도서목록(CIP)은 서지정보유통지원시스템 홈페이지
  (http://seoji.nl.go.kr)와 국가자료공동목록시스템(http://www.nl.go.kr/kolisnet)에서
  이용하실 수 있습니다(CIP제어번호: CIP2018018638).

2018
세상 구경

김정숙 산문집

"산다는 게 어디 매일매일 파티이겠는가마는
간혹 가다가다 반복되고, 루즈하고 권태로운 일상은
이제 이상한 일이 아니다.
그저 하루는 그럴싸하게, 하루는 거시기하게, 하루는 지루하게,
그리고 하루는 겁나 바쁘거나 재미나게 살아가는 게 삶이고
그런 게 인생이다."

✎ 에필로그

날이 너무 흐려서, 날이 너무 구려서

후배님 오랜만이에요

"후배님, 오랜만이에요. 졸업은 했어요!"
"졸업생 원우회 활동은 안 하고 있어요."

학교를 졸업한 지 꽤 오래된 선배가 이런 문자를 보내왔다.

첫 번째 문장에선 내가 학교를 졸업했는지를 묻는 말인 것 같아서
"네, 졸업했어요!"
라고 대답했는데,

두 번째 문장에선 문장 끝에 마침표(.)가 있어서 선배가 원우회 활동을 안 하고 있다는 건지, 내가 활동하는가를 묻는 말인지 헷갈려서 대답을 못 하고 망설이다가 물음표(?) 한 개를 보냈다.
그랬더니 문자로 나누던 대화가 갑자기 끊겼다.

도깨비 같은 소통의 부호들이 오가는 동안 '세상사는 일이 녹록지 않다'는 게 이런 거구나 싶었다.

물음표와 마침표의 출처가 어디서부터 시작된 건지, 물음표와 마침표로 보낸 선배의 의중이 분명 물음표(?) 두 개인 것 같은데 휴대폰 다루는 솜씨가 서툰 것도 아니고, 난다 긴다 하는 사회 활동만큼이나 손가락 터치 실력도 만만치 않은 선배가 왜 그랬는지 못내 궁금해서 그저 "기이한 일이로세, 기이한 일이로세."로 탄식했다.

문자 소통을 기다리느니 육성 통화를 하는 게 낫겠다 싶었지만, 워낙 사람 대하는 데 차별을 두는 내 까칠한 성격이 그러기를 그만뒀다.

말이라는 게 인간이 자유로이 사용하는 도구인데도 사회적 약속인 부호를 제대로 지키지 않았을 땐 이런 기이한 일들이 벌어지는 걸 보고 놀랐다.

질문할 때 물음표(?)를 쓰기로 했으면 물음표를 쓸 일이지, 왜 느낌표(!)를 써서 사람 헷갈리게 하는가 말이다. 살다 보니 별걸 다 갖고 생각이라는 걸 하게 된다.

돌아서면 잊어버리고, 돌아서면 알토란 까먹듯 하는 중년에게 이런 자극쯤이야 두뇌 환기로 참아줄 수 있지만, 내가 10년만 젊었어도 이런 상황에선 화가 나서 방방 뛰고 난리가 났을 거다.
글쓰기 공부를 하는 학습자 한 분도 이런 고민을 얘기했다.

부부싸움 끝에 화난 감정을 문자로 적나라하게 보냈는데 보내놓고 다시 읽어보니 남편에게 할 말 못할 말 다해 버린 것 같아서 어떻게 수습을 해야 할지 온종일 마음이 불편하다고 했다.

말이 말 같지 않아서 말을 고치려 하니, 말이 부호여서 말로도 바꿀 수 없다고 했다.

휴대폰이 처음 세상에 나왔을 땐 길 가다가 통화하고, 버스에서 통화하고, 지하철에서 통화하고, 음식점에서 통화하는 소리에 세상이 시끌벅적했는데, 요즘은 나랏일로 시끄러운 거 빼면 세상 사람들의 통화 소리는 잠잠하다.

그 대신 소리 나지 않는 통화가 세상에 둥둥 떠다닌다.

길가다가도 버스에서도, 지하철에서도, 음식점에서도 커피숍에서도 심지어 TV 앞이나 밥상 앞에서도 부호 음을 눌러가며 바다를 건너고 산을 넘어서 하늘의 구름까지도 뚫는 소리 없는 소리가 떠다니고 있다.

이 글을 쓰는 중에도 내 휴대폰에 '까똑' 소리를 내며 소리 없는 안부가 도착했다.

육성 통화를 할 땐 그나마 아침나절이든, 저녁나절이든 심심한 안부 전화도 하고 이바구도 떨었는데 이젠 전화를 받는 사람의 입장도 생각해야 하니,

“혹시 시방 전화통화 할 수 있나요?”
라며 통화 전 애피타이저 문자로 상대에게 예의를 갖춰야 한다.

이것 또한 녹록지 않아서 상대가 애피타이저 문자를 보면 다행이지, 문자를 안 보면 볼 때까지 마냥 기다리는 수밖에 없다. 실로 복장 터진다.

그나마 온종일 심심한 안부 전화 한 통화도 못 했다면 누군가와 입을 튼 적이 없으니 저녁나절이면 입에서 군내가 나서 애꿎은 칫솔만 닦달하고 문댈 거다.

사람의 입이 먹고, 말하고, 가끔 숨도 쉬는 기능으로 만들어진 것인데(아니, 가끔 키스를 하는 사람들도 있지), 그 기능을 제대로 못 하니 침 분비가 적어서 먹은 것도 소화하기 어려울 지경이다.

그나마 달가운 얘기면 육성 통화가 반갑지만 시시껄렁한 얘기를 육성으로 했다간
“그런 얘기를 통화까지 할 필요가 있나요?”라며 박대당하기도 십상이다.

이제 세상은 고요하다.
국가 정세가 시끄러운 건 이미 전설이 된 형편이니 그런 걸 차치하고 사람 사는 세상의 사람 소리는 모두 잠자는 중이다.

잠자는 숲속에 빠진 공주와 왕자의 목소리는 수면제의 과다 복용으로 깨어날 줄 모르고 있다.

자판기 쿼티(QWERTY) 위에서 분주한 손가락의 터치가 세상을 장악한 순간 인간의 육성이 사라졌다.

소리가 잠자는 세상, 부호가 떠다니는 세상.
숲속의 공주와 왕자가 언제쯤 잠에서 깨어날지 모르는 세상에서 소리는 더 이상 들리지 않는다.

자다가 자다가 허리가 아프거나 목이 마르거나 오줌이 마렵거나 배가 고프거나 누군가 초인종을 누르거나 하는 일로 깨어날 수도 있지만, 어쩌면 영영 잠든 채로 숨도 쉬고 밥을 먹고 오줌을 눌지도 모른다. 한참을 기다려야 할지도 모른다.

그래도 부디 가끔 오줌이 마려워서라도 잠시 깨어나 침묵의 세상에 통화음 울리면 사람의 심장 소리도 요동치겠다.

"즐거운 하루 보내세요. 하트 뿅뿅!" 이렇게 눈으로 듣는 소리 말고,

"아따! 그동안 잘 지냈는가?" 요렇게 귀로 듣는 소리 말이다.

“이 글 읽는 그대….
잘 지내고 있수?”

근데 이 글의 문자 부호는 잘 써진 거 맞수?

각 성

🌙 커피를 끊으니 맥을 못 추겠다.

편도염을 치료하는 의사의 경고로 일주일 내내 마시던 커피를 중단하니 다리 근육이 풀린 것 같고 정신 근육도 온통 노곤 노곤하다.

찜질방에서 온종일 놀고먹고 뒹굴고 했던 느낌도 이런 거였는데 역시 서서 밥이라도 지으려면 어지간한 긴장은 있어야 하나 보다.

그동안 나는 얼마나 먼 미래의 에너지를 끌어다 쓴 걸까?

내일의 에너지까지 끌어 썼다면 하루 치의 힘만큼 부족할 텐데 끝없이 내려앉는 몸은 물 먹은 솜뭉치 같으니, 아마도 아주 먼 미래의 에너지까지 끌어다 썼나 보다.

젊었을 땐 뭔가에 중독된다 싶으면 칼로 대파 자르듯 단호하게 잘라버렸는데, 이젠 그런 호기도 온데간데없이 사라졌다.

아침 식사 후 커피를 한 잔 마셔야 각성하여 정신 줄 붙잡고 하루를 산다. 반성하고 살 각성의 나이에 정신 줄까지 잡고 각성해야 하는 신세다.

젊은 시절만큼 정신없이 바쁜 일상이 있는 것도 아니고, 읽고, 쓰고, 운동하고, 가끔 강의하고, 기분 날 때 집안일 하는 내가 뭐 그리 바쁘다고 그 많은 커피를 마셨을까?

고등학교 1학년 때부터 공부한다는 핑계로 커피를 마셨으니 내 피의 80퍼센트는 커피 성분일 거다. 건강검진 때 꼬박꼬박 혈액검사를 하던데 커피 성분이 검출되지 않는 걸 보면 신기하다.

중독을 벗어나려고 하루쯤 커피를 거르려 하면 뇌의 사령부가 귀신같이 알아채서 계속 커피 마시라는 신호를 보낸다.

"아유! 그래, 마시자. 내가 이 나이에 무슨 부귀영화를 누리겠다고 이런 걸로 스트레스를 받냐!"라고 구시렁대며 어느새 목구멍에 커피를 들이붓는다.

세수를 거른 채 하루는 지내도 커피를 거르곤 일상이 돌아가질 않으니 웬 젬병인지 모르겠다.

그래도 새벽 별 보고 출근해서, 달빛 받고 퇴근했던 과거에 비해 마시는 양은 줄었으니 그나마 다행이다.

그 당시 난 커피로 살았다.

일주일 내내 커피로 살고 휴일엔 종일 잠으로 시체놀이를 했다.

회사에 다녀야 해서 커피를 많이 마시는 줄 알았는데 회사를 그만둔 지금도 하루 한두 잔의 커피는 꼭 마시니 역시 내게 각성은 일할 때만 필요한 게 아닌가 보다.

밤이 밤인 듯 낮이 밤인 듯 '잠 반 깸 반'으로 흐물흐물한 내 몸 상태 때문인가 보다.

그나마 매스컴에서 에티오피아 커피 농가의 가난을 대물림하는 아이들이 커피콩을 골라내는 모습을 볼 때면 따신 방에 앉아 마시는 커피가 사약 받는 것처럼 죄스럽더니, 기력이 소진돼 밥할 기운도 떨어질 때쯤이면,

"기운이 나야 밥을 하니 커피를 마셔야 하고,

밥을 먹어야 일을 하니 커피를 마셔야 하고,

일을 해야 경제가 사니 커피를 마셔야 하고,

경제가 살아야 에티오피아 아이들이 돈을 버니 커피를 마셔야 하고,

그 아이들이 돈을 벌어야 학교에 갈 수 있으니 커피를 마셔야 하고…;"

마시지 않고는 배길 수 없는 당위와 합리를 더하여

'벌컥벌컥!'

숭늉 마시듯 털어 넣는다.

이제 내 의지는 몸의 지배에 쪽을 못 쓰고 있다.

배우 공유 씨가 찍는 커피 광고는 스크린 밖에서도 커피 향이 폴폴 나던데 내가 마시는 커피에선 왜 커피 향보다 각성제 맛이 더 짙을까?

깨어 있어야 한다는 강박 때문일까?
늘 무언가 생산해야 한다는 민족중흥의 역사적 사명을 띠고 태어나서일까?
언제쯤이면 나도 공유 씨의 커피 광고에 지그시 눈 마주치며 커피 맛을 음미할 수 있을까?

커피 생각에 커피 글을 쓰는 중에 '오늘의 일정'이 휴대폰에서 울린다.
'부르릉부르릉, 오늘의 일정 1, 2, 3가지.'

그래, 난 오늘도 바쁘니까,
'의사 선생님! 그리고 배우 공유 씨!'

"오늘도 걍 원샷!"

날이 너무 흐려서, 날이 너무 구려서

산다는 게 어디 매일매일 파티이겠는가마는 간혹 가다가다 반복되고, 루즈하고 권태로운 일상은 이제 이상한 일이 아니다. 그저 하루는 그럴싸하게, 하루는 거시기하게, 하루는 지루하게, 그리고 하루는 겁나 바쁘거나 재미나게 살아가는 게 삶이고 그런 게 인생이다.

화들짝 놀랍도록 경이롭던 세상은 10대에 있었거나 20대에 있었거나, 아니 30대나 40대에 있었을지도 모르지만, 그럴싸하게 확 땡기던 날이 언제였는지 내 생애 최고의 순간을 짚어보는 게 시큰둥해졌다.

결혼을 할 때 경이로웠을까, 아이를 낳았을 때 그랬을까?

나도 반백 년을 살면서 세상이 경이롭고 환희였던 순간들이 있었던 것 같은데, 요즘은 그게 뭐였는지 콕 집어 떠올리기가 어렵다.

가슴 벅찬 쾌나 행복, 남에게 인정받고 뻗대던 순간, 평생 처음 갖는 소유물로 기뻤던 기억이 있었던 것 같은데 그게 뭐였더라?

밤낮없이 싸돌아다니며 배회하던 순간이었을까?

연애에 몸이 달아 후끈대던 심장의 걸음이었을까?

내 집 장만에 성공해 인라인스케이트를 타고 거실을 달리던 때였을까?

분명 그 시기엔 최고의 즐거움 외에도 좌우 분간 못 하며 미친년 널뛰듯 세상이 출렁였던 것 같은데, 지금 생각하면 그것도 별 시답잖은 일이었지 싶다.

오히려 그보다 아주 작은 행복.

잔병치레를 자주 하던 언니를 위해 엄마가 사 온 바나나를 먹고 싶어서 기웃거릴 때 한 입 먹어보라고 언니가 내게 내밀었던 바나나 한 입.

밥과 수제비와 돼지 껍데기가 먹거리의 전부였던 때 달콤하고 부드러운 바나나 한 입은 수십 년이 지난 후에도 혀와 뇌에서 기억하는 즐거움이다.

그 행복이 달뜬 연애와 미친 쾌락보다 앞서 기억나는 건 삶의 여정을 뒤켠에서 볼 수 있는 나이가 되어서일까, 나이 듦의 변화가 물리적 즐거움을 단단하게 고착한 탓일까?

특별히 맛있는 음식도 즐거운 일도 없다는 어느 노인의 말처럼 미래에 끌어 올 희망과 목표가 불명한 사람이 되어 가는 걸까?

　분명 내가 원하는 삶은 이런 게 아닌데,
　내가 살고 싶은 세상은 매일 매일의 파티는 아니어도 가끔씩은
심장이 널을 뛰듯 두근거리고 기대와 흥분에 가열 찬 눈빛이길 원
하는데, 가슴이 원하는 걸 머리가 제어하는 이유는 무엇 때문일
까? "날이 너무 흐려서, 날이 너무 구려서."

세상 구경

☾ 이젠 뻘쭘하다.

　달리는 지하철 안에서 종이책을 편다는 건 21세기 정보화 시대를 역행하는 사람처럼 어색하다.

　어제도 그랬고, 그제도 그랬듯이 오늘도 지하철 안에서 종이책을 폈다.

　30여 명쯤 탄, 한 량의 공간에서 종이책을 편 건 나를 포함한 두 명의 승객이다.

　나 이외의 다른 한 승객은 수험생인지 무언가 줄을 긋기도 하고 쓰기도 하고, 입으로 중얼거리기도 하며 종이책 위에 코를 박았다.

　그나마 동지가 한 명 있어서 다행이기도 했지만, 그래서였는지 나는 보란 듯이 책의 배를 '쩍' 갈라서 돋보기를 걸친 눈을 들이댔다.

　두 명을 제외한 사람들은 스마트폰에 코를 박은 채 무언가를 열심히 읽거나 보고 있다.

그들은 무얼 보고 있는 걸까? 무얼 읽고 있는 걸까?

지난밤 본방 사수에 실패한 드라마를 보는 중일까?

최신 영화를 보는 중일까?

아니면 은밀한 영상의 한켠에서 숨죽인 자위의 숨소리를 관음하는 중일까?

글자를 읽는 사람들은 무얼 읽는 중일까?

종이신문을 대신한 조간신문을 읽는 중일까?

전자책을 읽는 중일까?

그것도 아니면 인터넷 뉴스를 핫하게 읽는 중일까?

길을 걸으면서도 지하철역에 도착해서도 지하철을 기다리면서도, 지하철에 타서도 무언가를 계속 읽고 있는 저 사람들은 대체 무얼 읽기에 긴 시간 동안 스마트폰에서 눈이 떨어지지 않는 걸까?

내가 모르는 또 다른 뉴스 속보가 방금 올라온 걸까?

속보가 하루에도 몇 번씩 오르는 국가 비상사태일까?

사람의 눈이야 보라고 있는 거지만, 스마트폰 속엔 눈으로 봐야 할 게 저렇게 많은 걸까?

정보화 시대니 정보를 습득하는 중일까?

아침에 읽는 조간신문으로도 모자라서 알아야 할 뉴스가 더 있는 걸까?

책을 읽으며 그나마 사람 모습을 갖추기 시작하는 것 같은 나는 아직도 종이책의 매력에서 헤어날 수가 없다.

손안에 쏙 들어오는 스마트폰에 소설이 있고, 시가 있고, 사회과학이 있어도 청광에 반사되는 글씨의 조합은 책이로되, 책이 아닌 것 같은 느낌은 왜일까?

책이 책다워야 책처럼 느껴지는 건 공간 감각을 인지하는 능력이 부족해서일까?

산골 아주머니의 도시 나들이 같은 문화충격 탓일까?

지하철 객석에 종이책이 보이지 않는 이유는 왜일까?

책이 무거워서 거추장스러운 걸까?

책을 낱장으로 찢으면 가벼운데 책을 찢어 읽는 건 책에 대한 예의가 아니라고 생각되는 걸까?

그것도 아니라면 왜일까?

복잡한 세상에서 심연을 파고드는 사고의 깊이가, 사고의 넓이가 멀고 긴 이야기를 부담스러워 하는 걸까?

눈앞에 대기만 하면 답이 보이는 스마트한 시대에 생각을 한다는 건 먼 나라 이웃 나라 이야기일까?

책은 종이책일 때 책다워 보이는 나는 어느 시대 사람일까?

앞자리에서 종이책에 코를 박고 읽고 쓰고 줄을 치던 승객이 이
번 역에서 내렸다.
이제 내 무릎 위의 종이책 한 권이 가랑이를 벌리고 길게 달리며
홀로 외롭다.

스맛 돈

스마트폰이 필수품이 되니 밖에 잠깐 나갈 일이 있어도 죽자사자 품고 간다.

나보다 더한 사람도 있다.

엄동설한에 반바지인지, 트렁크 팬티인지 정체가 애매한 반 토막 하의에 큰 점퍼를 뒤집어쓴 청년이 스마트폰에 눈을 박은 채 편의점에 들어갔다.

내 청춘 시절엔 주머니에 돈이 있어야 외출할 마음이 생겼다.

돈이 바닥나면 통장에서 돈을 찾거나 엄마, 언니 지갑에 손을 대서라도 지갑에 돈이 차야 외출이 무섭지 않았다.

청년은 아니다.

스마트폰 하나면 돈도 나오고, 포인트도 적립되고, 길도 찾아주니 밖에 나가는 게 두렵지 않다. 파란 돈이나 누런 돈이 아니어도 몸에 지닌 기계가 돈이다.

붉은 지갑을 가지면 부자가 된다고 해서 지녔던 시뻘건 지갑들은 잡동사니처럼 애물단지가 됐다.

그저 스마트폰이 '띵!' 하고 결제를 하면 계좌에서 저절로 돈이 빠져나가고 누군가 계좌로 스마트폰을 터치하면 '좌르륵!' 돈이 들어온다.

"사람 나고 돈 났지, 돈 나고 사람 났냐?"라며 지갑에 돈 없는 신세타령할 필요도 없어졌다.

스마트폰이 금고니 내가 부자인지, 가난한지 아무도 모른다.
"그건 스마트폰에게 물어봐!"다.

번쩍거리는 지갑에서 동그라미가 주렁주렁 붙은 수표를 '척!' 지불하는 귀부인이나 골드카드로 여자 친구의 명품 가방을 결제하는 남자친구의 모습이 TV 광고에 나온다면 그건 이미 한물간 광고다.

스마트폰을 '턱!' 댄 순간 모피와 외제 차가 눈앞에 도착한 것에서 그와 그녀의 부가 과시된다. 스마트폰은 세상의 온갖 구조를 바꾸어 놓았다.

돈으로 사는 새로운 용역상품도 생겼다.
눈에 보이지도 않는 통신은 그저 공기 중에 흐르는 것만으로도 돈이다.

정보가 돈이니 통신망을 돈 주고 사는 시대다.

전봇대가 땅속으로 들어가니 와이파이 통신망이 건물이든, 나무든 높은 곳마다 솟아났다. 하늘 향해 두 팔 벌린 통신망들은 다 365일 돈 벌려고 서 있는 거다.

사람들은 저 높은 곳을 향하여 오늘도 내일도 쉴 새 없이 계좌이체를 하는 중이다.

잘 나가는 물건에 공짜가 있을까마는 와이파이를 신나게, 질리도록 쓰려면 그럴싸한 건물에 들어가 커피를 마시거나 물건을 사는 수밖에 없다.

그러나 그것 또한 공짜가 아니다. 공짜처럼 보일 뿐 비싼 커피 값에 데이터 사용료가 모두 포함돼 있다.

가정에서도 마찬가지다.

가정의 와이파이도 공유기를 설치해야 자유자재로 쓸 수 있다. 공유기값과 광 통신료에 데이터값이 다 숨어있다.

손에 쥐면 안전하고, 없으면 불안한 스마트폰은 이미 일상생활용품이다.

초코파이 없인 살아도 와이파이 없인 못 산다.

와이파이가 없는 스마트폰은 오아시스 없는 사막이다.

데이터 잔고는 은행잔고다.

그래서 집집마다 와이파이를 잠그는 자물쇠도 생겼다.

혹여나 데이터가 바닥나서 남의 집 와이파이에 기웃대면 철통같이 잠가놔서 도둑질을 못 한다.

잔대가리 굴리는 데 고수인 내가 긴요할 때 남의 집 벽에 붙은 껌딱지 떼먹으려고 덤볐는데 빈대 근성에 제동이 걸렸다.

급한 김에 데이터 좀 따 먹으려니 이 분야엔 선수가 아니라서 글렀다.

철통같이 잠근 와이파이 앞에선 맥을 못 춘다.

우리 엄마 표현대로라면

'인정머리 없는' 아이디가 '씨도 안 먹히는 도둑질 말라'고 떴다.

ID '안 알랴줌'.

내가 숨 쉬는 공기 중에 돈 떠 있다.

아니다 싶으면

☾ 아니다 싶으면 안 해야지.

아닌데 왜 해?

그러게 말이다.
아니다 싶으면 안 해야지, 왜 하는지 모르겠다.

늦은 밤까지 깨어 있는 게 아니다 싶으면 일찍 잠자리에 들려 하고, 건강에 해로운 음식이다 싶으면 먹지 말아야 할 텐데, 왜 그걸 통제 못 하는지 모르겠다.

살이 찌는 게 싫다면 살찌는 음식 먹기를 삼가고, 술을 마시지 않기로 했다면 술을 삼가야 할 텐데 오늘까지만 먹고, 마시면서 내일의 결단으로 유보하는 건 무슨 똥배짱인지 모르겠다.

어른들이 어린아이를 통제하는 것처럼 자신을 통제하는 것도 식은 죽 먹기라면 얼마나 좋을까?

남을 통제하는 것보다 더 어려운 게 자신을 통제하고 조절하는
거 같다.

그게 어려워서 그걸 못해서 하고 싶었던 일도, 이루고 싶었던 목
표도 달성하지 못하는가 보다.

그래, 너 잘났다.

넌 얼마나 잘났기에 이런 글을 쓰느냐고 빈정댈 수도 있겠지만,
이 말은 내가 하지 않더라도 누군가가 분명 할 말이다.

그나마 자기 의지로 자기를 조절하거나 통제하려던 결심이 유보
되거나 무산됐을 땐 늘 마음 한켠에 숨겨둔 합리와 자기 긍정이 있
으니, 이 핑계, 저 핑계로 하루 이틀 연명하며 인생을 송두리째 맡
기기도 한다.

전생에 날씬한 복은 없었으려니, 전생에 술 없는 삶은 없었으려
니, 그저 그렇게 살아도 무난하려니 하는 자기 합리로 자기 행복을
맞춘다. 이런 경우 자기 통제로부터 스트레스받지 않고 사는 삶일
거다.

그러나 아니다 싶은 게 타인으로부터 주어졌을 땐 얘기가 다르다.

상사의 의견이 아니다 싶은데도 "맞습니다, 맞고요."로 원 고(One
go!)를 외치고 매번 사기 치는 언어의 마술에 투 고(Two go!)로 전진
하고, "원 샷! 원 샷!" 군중의 무리에 쓰리 고(Three go!)로 휘청이는

롤러코스터 인생은 어쨌거나 정신없는 삶이다.

　정신이 없다는 건 영혼이 없다는 것,
　내 영혼을 타인에게 담보했으니 그 인생은 내 것이 아닐 거다.
　그저 몸뚱이만 왔다리갔다리, 이 세상에 뭐 하러 왔다가 뭐 하고 가려는지 애매모호한 삶.
　타인의 요구에 타인의 욕구에 지 몸뚱이를 맡겼다. 이런 경우 요구사항을 들어줘도 스트레스 안 들어 줘도 스트레스,
　술을 받아도, 안 받아도 스트레스다.

　냉정한 이 글이 바늘로 찔러도 피 한 방울 안 나올 것 같지만, 글빨은 이래도 나 또한 별반 다를 게 없다.
　아니다 싶은데 하고 있고, 아니다 싶은데 따라가고 있고, 아니다 싶은데 독한 소주를 털어 넣었다.

　어떻게 사는 것이 잘 사는 것일까?
　좋아하는 음식을 못 먹을 바에야, 사람들과 어울리다 보면 그까짓 소주 한두 번쯤이야.
　먹고 죽은 귀신은 때깔도 좋다는데, 그 말에 장단 맞춰 굵고 짧게 산다고 호언해야 할까?
　사는 게 내 맘대로 되는 거냐고 술 상무의 푸념을 인용해야 하는 걸까?

그런 유보는 내 맘에 '아니다 싶은'게 아닐까?

앞으로 나는 얼마나 많은 '아니다 싶은' 걸 하지 않을 수 있을까?
얼마나 많은 '원 샷!'을, 얼마나 많은 유혹을 통제할 수 있을까?

얼마나 큰 힘으로 나를 제어할 수 있을까?
얼마나 굳건히 나를 세울 수 있을까?

오늘도 아니다 싶으면….
내일도 아니다 싶으면….

상한가

"아기가 어떻게 자라면 좋겠어요?"

"공부는 잘하지 않아도 되구요.
건강하고 밝고 상냥하게 자라면 좋겠어요."

라디오 방송에서 MC와 첫 아이를 낳은 새댁의 통화 중에 흘러
나온 말이다.

그렇지.
그렇게 자랐으면 좋겠지.

나도 그랬다.
두 아이를 낳을 때마다 부디 이목구비 다 있기를, 다섯 손가락
발가락 다 있기를.
큰 눈망울이나 오뚝한 코는 바라지도 않는다.
그저 온전하게 갖춰져 있기만을 바랄 뿐 더 무얼 바라겠는가.

첫째 아이도 둘째 아이도 바라는 대로 온전히 달릴 거 달려서 태어났을 때 세상은 천국이었다. 천국의 문이 열린 순간부터 밤낮이 환하게 눈부셨다.

'아이가 건강하고 상냥하게만 크면 좋겠어요?'

하이고!
택도 없는 소리!

앞집, 뒷집, 옆집 아이가 태어나 봐라.
그 아이들의 출생이 원망스러울 거다.
우리 집 아이는 그들이 태어난 순간부터 불행했다.

아기 젖 냄새, 살 냄새에 코를 박고
"음, 음음 음…. 쪽!"

아기살에 비비고 지지는 장면을 말로 표현할 의성어, 의태어가 부족해서 어떤 소리로 써야 할지 모르겠다.

그냥, 그거.

'톡!'

만지면 터질까 봐, 내 손의 세균이라도 묻을까 봐 안절부절, 어쩔 줄 모르던 그런 시절.

아기가 뒤집고 기고 걷는 게 신기해서 눈을 뗄 수 없고 팔딱팔딱 뛰면 천 리라도 함께 뛸 것 같던 그런 경험.

그저 근원적 발달만으로도 행복했던 그 시절이 지나고, 아이가 멘 기저귀 가방이 책가방으로 바뀌면서부터 동네 아줌마 치맛바람 속에 내 영혼도 활활 탔다.

아기가 아이로 변하고 신체 능력은 기본이요, 공부 능력이 스펙으로 추가되면서 내 자식의 주소는 시험지 점수판으로 순간 이동했다.

내 몸에서 나왔으니 내 새끼 공부 능력이 어디 갈까마는, 시험점수 앞에선 내 새끼가 내 새끼가 아닌 거 같아서 환장한다.

대체 누굴 닮아서.
대체 누굴 닮아서.

누굴 닮긴, 부모 닮았지.
곧 죽어도 엄마는 엄마 안 닮았다 하고, 아빠도 절대 자기는 아니라고 할 거다.
나도 그랬다.

아니라고, 아니라고 하다가
결국 아빠의 공부 머리를 의심했다.

크면서 판박이 귀신처럼 비슷해지는 지 새끼를 아빠 닮아서 키가
크는 거고, 엄마 닮아서 피부가 좋은 거라고,
딴 건 다 닮았는데 왜 유독 학교공부에서만 주소지가 불명인지
도통 모를 일이다.

그래도 아기가 공부는 잘하지 않아도 된다고?
건강하고 상냥하게 크기만 하면 좋겠다고?
키워봐라,

제발, 시험점수 좀 보자고 할 때,

"왜?"
"왜?"
"아, 왜?"

라고 외마디 대답할 때까지 키워봐라.
젖 냄새, 살 냄새 나던 그 새끼를 당장 내다버리고 싶어질 거다.
그렇게 수삼 년 지지고 볶던 시절이 지나고 이빨 빠진 호랑이
로 부모 힘 떨어질 때면 체념했다가, 이해했다가, 결국 수용하게

될 거다.

　내 피로 내 새끼 빚은 순리가 보이고, 공부 말고 잘하는 것도 보이고, 안 보이면 보일 때까지 기다리기도 하면서 새끼의 존재만으로도 감사할 거다.
　그때쯤이면 부모의 숙성기간이 얼마나 되는지 보일 거다.

　와인 5년산?
　홍삼 6년근?

　택도 없는 소리!

　발렌타인 30년산?

　음….

　그쯤 되면 부모 값도 상한가를 칠 거다.

뒤웅박

🌙 남편의 사회적 포지션이 아내의 포지
션일까?
아니면 그 반대일까?

남편이 회장님이면 회장 사모님, 남편이 변호사면 변호사 사모님.
반대로 아내가 국회의원이면 국회의원 남편, 아내가 판사면 판사
남편.
좋겠다, 의사 배우자를 만나서.
좋겠다, 변호사 배우자를 만나서.

사람들은 종종 누군가를 말할 때 그 사람 남편이 판사라느니, 그
사람 아내가 의사라느니 말하려는 주체의 배우자나 가족을 들춤
으로써 화제의 주체보다 배우자나 가족의 사회적 포지션을 들먹이
는 경우가 많다.
마치 판사의 아내도 판사인 것처럼, 변호사의 남편도 변호사인
것처럼.

이런 경우 판사의 아내는 전업주부이든, 직장인이든 버젓한 사회적 지위가 있음에도 남편 따라 덩달아 판사가 되고, 변호사의 남편이 전업주부여도 원님 따라 나팔 불며 순식간에 변호사가 된다. 인생 팔자 뒤웅박 신세라고 말이다.

남편과 아내의 사회적 포지션은 비례하는 걸까?
원 플러스 원으로 사회적 포지션이 인정받아야 하는 걸까?

여기까지 글을 읽은 사람 중에 어떤 독자는 이런 걸 얘기하는 내가 재수 없다고 할 거고 어떤 독자는 "거 참, 그거 되게 웃기는 현상이죠!"라고 동조하며 손뼉을 칠 거다.

나야 뭐 이런 글을 쓰는 의도 자체가 후자의 독자층과 의견이 같지만, 어쨌거나 이 글의 내용이 재수 없다고 할지언정 나는 할 말은 하련다.

그렇다면 이런 현상은 왜 생기는 걸까?

주체를 말할 때 배우자의 포지션을 들먹이는 건 자신의 내면에 그런 환경을 동경해서인 것 같은데, 그렇다면 배우자의 포지션에 어부바하는 사람들의 심리에는 어떤 마음이 어부바하고 있는 걸까?
아무리 생각해도 그건 배우자로 인한 대리 만족이거나 과시 욕구 같다.

그래서 배우자에게 어부바하는 것 같다.

어려서 걷지 못하는 아기야 보살핌이 필요하니까 어부바하는 거고, 몸이 불편한 어른 사람도 보살핌이 필요해서 어부바하는 건데, 왜 사지 멀쩡한 사람이 배우자 등에 어부바하는 삶을 동경하는 걸까?

이런 질문은 질문만으로도 읽는 사람들이 고민할 테니 답이라는 걸 적을 필요는 없을 거다.

그렇다면 그로 인해 사회에 끼치는 영향은 어떤 것이 있을까? 부정적 영향부터 살펴보자.

갑질?
으스댐?

그녀의 남편은 의사인데 내 남편이 일용 근로자인, 상대적 빈곤감?

판사 아내가 판사인 양 대우했을 때 간헐적 쭉정이가 드러나는 기대수준의 상승과 상대적 빈곤감?

반대로, 긍정적 영향은 어떤 것이 있을까?

음.
그거야 뭐….

지 혼자 좋은 거지. 착각 속에서 인생을 사는, 지 혼자만 좋은
거지.
사회적으로 좋은 긍정적 효과는 눈을 비비고 찾아봐도 없을
거다.

흥!
그런데 말이야!
사회라는 건 혼자 사는 세상을 사회라고 하지 않는다는 말씀이지.
혼자 좋아서 혼자만 누리는 삶은 사회생활이라 하지 않고 다른
말로 표현하는데
이름하여 '독거!'
독거라고 한다는 거지.

독거가 혼자 살아야만 독거인가?
내 정의에 의하면 동네 사람들, 사회관계와 심리를 배려하며 살
지 않는 삶도 독거라는 말씀.

독거의 대명사가 외로움이라면 말하나 마나 지금까지 얘기한 배우자의 포지션에 어부바하는 행동은 독거로 가는 길, 외로움을 자초하는 행동이라는 거지.

인간의 외로움이 삶을 피폐하게 만든다는 건 세상 사람들이 다 아는 진리니까 부디 외롭고 싶지 않다면 그런 행동은 안 하는 게 좋다는 말씀.

그러니 어여어여 어부바에서 내려오기를. 원 플러스 원에서 해방되기를.

내려오시게.
내려와서 함께 어울리자고.
어부바는 개나 줘버리고 그저 당신 자체로 사람들과 어울리자고.
당신 자체와 어울리면 재미져!
어부바하고 오면 불편해!

그냥 당신 자체로도 훌륭하다고!
그렇게 어울리면 외로울 틈이 없다고!
그러니 어서어서 뒤웅박에서 내려오자고!

봄을 봄

　🌙 우리나라 계절은 봄, 여름, 가을, 겨울 사계절인 거로 알고 있는데, 언제부턴가 계절은 미세먼지(황사), 여름, 미세먼지(황사), 겨울, 두 계절로 단축된 지 오래다.

　뼈와 살이 차가운 겨울이 가면 포근한 바람 부는 봄이 오나 했더니, 내복도 벗기 전에 기온이 25도까지 올라서 길을 걷다가도 내복 생각만 난다.

　중년이 내복을 벗는다는 건 꽤나 어려운 일인데 이렇게 갑작스럽게 봄 도둑 여름이 오니, 이제나저제나 머릿속엔 온통 내복 생각이다.

　겨울옷 벗는 거야 긴 잠자던 동굴을 탈출하는 것처럼 후련한 일이라서 무조건 탱큐요, 무조건 오케이지만, 그래도 겨우내 내복 덕분에 거리라도 활보했으니 간단한 감사 인사라도 해야 하는데, 이번엔 그런 의식조차 치르지 못할 거 같다.

그냥, 훌렁 벗어 던졌다.

내복 벗은 김에 두꺼운 겨울옷도 내 몸에서 떨어지니 발걸음도 빨라지고 어디든 훨훨 날아다닐 것 같다.

이제 내 안의 역마살은 물 만난 고기처럼 또다시 눈만 뜨면 싸돌아다닐 거다.

얼마만의 해동인가, 얼마만의 해방인가.

기왕 땡기는 거 도시를 걸으려 운동복 챙겨 입고 나섰는데 십 리도 못가서 발병 난 사람처럼 더 이상 걷기를 멈췄다.

집에 가고 싶다.

'거리는 따뜻하다'라는 작금의 명제보다 '거리는 먼지다'라는 명제가 더 힘이 셌다.

삼 리도 가기 전에 미세먼지가 날려서 먼지를 피하려면 코를 막아야 하는지, 입을 다물어야 하는지 모르겠다.
코를 막아서 입으로 숨을 쉬면 입안이 까칠하고, 입을 막으면 콧구멍이 벌름대고.

코를 막아도 먼지가 들어오고, 입을 막아도 먼지가 들어오고.

코로 마신 미세먼지가 목까지 달라붙으니 코와 목구멍의 연결을 원망한다.
대체 어떻게 해야 고운 숨 쉬며 편안할지 모르겠다

하얀 마스크는 방역할 때 쓰고, 까만 마스크는 나쁜 짓 할 때나 쓰는 건 줄 알았던 내 과거의 경험치는 이제 일상의 한복판에 떡하니 들어차서 길에서도 복면, 차에서도 복면, 하얀 복면, 까만 복면을 쓴 사람들이 거리를 활보한다.

이제 나는 겨울에 감기로 쿨럭이고, 봄엔 미세먼지로 쿨럭이다가, 여름엔 땀으로 진땀 빼며 꽃가루에 쿨럭이면서, 가을엔 또다시 미세먼지로 쿨럭일 거다.
나뿐만 아니라 복면 쓴 사람들이 사계절 감기 환자처럼 얕은 기침으로 난리다.

미세먼지의 근원이 자동차 매연 때문이라고 해도 세상의 자동차는 매일매일 도로를 달리고, 고등어 탄 연기 때문이라면서도 저녁 밥상의 고등어는 가족의 입맛을 돋운다.
중국에서 온 거라고 국제 소송을 걸면 먼지를 쓸어갈까, 고등어를 덜 먹으면 먼지가 사라질까, 자동차를 안 타면 먼지가 사라질까?

　먹고사는 것의 생존위기가 국가를 회복하니 이젠 잘 살아서 탈이다.

　그래도 국가의 위기에 일조라도 할 량으로 자동차를 쉬게 하고 고등어를 찜쪄먹으려니 걷는 도중 먼지가 칼칼하고, 고등어 사러 가는 중 목구멍이 깔깔하다.

　어떻게 해야 할까?

　과하게 쓰는 건 미래세대의 에너지를 끌어다 쓰는 거니 덜 먹고, 덜 쓰고 살려 해도 맘처럼 쉽지 않다. 배가 불러야 마음이 부르고 펑펑 써야 직성이 풀린다.

　나는 어제도 구운 고기에, 달걀부침에, 과일까지 배 터지게 먹고 이곳저곳 싸돌아다니며 자동차 배기통의 연기를 토했다. 이기의 편리가 습관처럼 몸에 붙어 주변을 돌볼 엄두를 못 낸다.

　이러다가 공기 맑은 유럽의 어느 마을이나 하늘 높은 바다의 지상에라도 선다면 그곳이 좋아서 사족을 못 쓰며 집에 가기 싫다고, 거기서 살고 싶다고 아우성을 치겠지.

　막상 거기서 살지도 못하면서 그저 부러움과 바람으로 안달이 나겠지.

추위가 물러가 반가운 봄여름에 내가 살아온 세상에 내가 살아
갈 세상이 보여서 내가 보이는 날.
바로 오늘, 2018년 3월 14일.

바리바리

🌙 걷거나 지하철을 타려면 가방이 가벼워야 금방 지치지 않는다.

그러나 난 오늘도 작전에 실패했다.

가방에 지하철로 이동하는 동안 읽을거리로 책 한 권을 담았고, 이동해서 점심 식사를 해야 하니 늘 싸 들고 다녔던 현미밥 도시락을 챙겼다.

목적지에서 5월의 급 더위로 실내 에어컨이 돌아갈까 봐 찬바람막을 가벼운 옷을 챙기고 가끔 모양새를 다듬을 거울 달린 화장품, 콤팩트와 립스틱을 챙겼다.

찬 곳에서 취약한 목을 보호하기 위해 스카프를 둘둘 말아 넣고 비상금 담긴 얇은 지갑과 뜬 눈으로도 글씨를 못 읽는 노안을 위해 돋보기를 챙겼다.

덤으로 틈나는 대로 글을 쓰려고 종이와 펜을, 또 덤으로 과자나 빵을 안 먹는 습관으로 견과류 간식을 챙겼다.

찌는 듯 더운 날씨에 빈 몸뚱이만으로도 걷는 게 버거운데, 이런 걱정 저런 걱정으로 커다란 가방이 꽉 차서 걸음걸이가 느림보 거북이처럼 흐느적거리고, 오른쪽 왼쪽으로 번갈아 메는 가방 때문에 어깨가 휜다. 약간의 돈만 있으면 먹을 게 해결되고 설사 해결되지 못해도 적당히 때우면 될걸, 세상사는 게 무에 그리 걱정스럽다고 바리바리 싸 들고 다니는지 모르겠다. 밥숟가락 들 힘도 없다는 나이가 돼도 밥 먹기 위해 밥을 싸 들고 다닐 것 같다.

몽골에 갈 때도 이랬다.

워낙 추위를 타는 나는 몽골이 춥다 해서 방한복, 털옷, 털양말, 무릎 담요, 모자에 목도리까지 챙기고 틈틈이 읽으려던 책 2권과 화장품, 세면도구들을 싸놨더니 갖고 있던 여행 가방이 턱도 없이 작았다. 떠나기 전날 늦은 밤 마트에 달려가 함지박만 한 이민용 트렁크를 샀다.

덩치 큰 남자도 다루기 힘든 이민용 트렁크가 인천공항 로비에서 동료들 앞에 드르륵거리며 굴러가니 몽골에 이민 가느냐고 배를 잡고 낄낄댔다.

그러거나 말거나, 난 추운 건 딱 질색이니 집채만 한 트렁크를 빌려서라도 추위를 견딜 옷을 가져가야 한다고 했다.

몽골 울란바토르 공항에 함지박만 한 트렁크가 무사히 착지는

했는데, 호텔로 이동하거나 또 다른 호텔로 이동하는 데는 나의 어지간한 힘으로 무리였다. 내가 가방을 끄는 건지 가방이 나를 끄는 건지 헷갈렸다. 마음 같아선 모두 버리고 현지에서 옷 한 벌씩 사 입고 싶었다. 그런데 실제 몽골은 내가 생각했던 체감온도보다 높았다.

젠장!

버리지도 못하고, 주지도 못하는 트렁크로 고전하다 보니 차라리 내가 함지박만 한 트렁크에 담겨서 누군가 트렁크를 끌고 가주면 싶었다. 돈 많이 가진 건 부럽더니 짐 많이 가진 건 업보였다.

함께 갔던 동료는 우리나라 10월쯤의 몽골 기온에서도 덥다며 여름 끈 나시를 입고 하얀 목살과 어깨를 드러내고 다니는데, 나는 추위를 타서 옷을 많이 가져오느라고 큰 트렁크를 가져왔다 했으니 정말 추운 사람처럼 옷을 많이 입긴 해야 했다. 쪽팔린 이민 가방에 면이라도 서려면 켜켜이 입고, 쓰고, 두르고 해야 했다. 나는 두루뭉실하고 몽실몽실한 곰처럼 몽골의 시내 울란바토르(Ulaanbaatar)와 고비(Gobi) 사막에 동동 떠다녔다.

쎅시미는 언감생심, 살 보이는 곳은 창호지로 문창호 바르듯 목폴라, 카디건, 방한복, 내복까지 켜켜이 입고도 목도리와 털모자를 썼으니 몽골의 원주민, 유목하는 사람과 별반 다르지 않았다. 얼굴에 분칠만 안 했다면 옆집 게르(Ger)에서 "어이 친구! 오늘 양들의 젖 좀 짰수?" 하며 덤빌 뻔했다.

즐거울 여행에 짐 가방으로 스트레스를 받으니 여행은 고역이었다. 이제나저네나 집에 갈 생각뿐이었다.

그나마 한 호텔에 이틀 정도 머물면 그런대로 견딜 만했는데, 가방을 들고 이동해야 할 땐 투어 버스 밑바닥에 가방을 실었다 내렸다 하느라 진을 빼는 기사 아저씨에게 면목이 없었다. 그저 '쏘리!'와 '땡큐!'를 남발하는 수밖에 없었다.

남들은 여행하면 추억을 얘기하고 사진을 보여주고 그곳의 문화를 말하는데, 난 몽골 여행에선 빅 사이즈 트렁크로 고전했던 기억밖에 거의 떠오르는 게 없다.

고생도 그런 개고생이 없었다고 툴툴댔으면서도 집 밖에만 나서려면 또다시 가방에 이것저것 챙겨 넣는다. 무에 그리 조바심이 나고 불안해서 바리바리 넣는지 모르겠다.

이동하는 1시간 동안 무언가 볼거리가 있어야 마음이 편하고, 내가 먹는 식생활을 지켜야 마음 편하고, 불현듯 만날 환경에 대비해야 마음이 편하다.

볼거리가 없으면 경치나 광경을 보거나 멍 때리면 되고, 추우면 걸칠 거 하나 사면 되고, 먹을 건 대충 때우면 될 걸, 이국땅에서 짐 때문에 모진 고생을 하고도 또다시 바리바리 싸서 어깨가 휜다.

가볍게 떠나면 어깨도 가볍고, 관절도 가볍고, 머리도 가벼운데 내게 삶은 아직도 산더미처럼 짊어지는 고행인가 보다. 짐이 많아 삶이 무겁고 거추장스럽다는 걸 알면서도 늘 많은 걸 챙긴다.

바리바리 쌀 수 있는 가방을 버리면 이런 증상이 사라질까?
아직은 가방을 멜 관절이 온전해서일까?

책과 옷과 화장품과 스카프와 펜과 종이를 토한 가방이 무거운 가방 메느라 힘 빠진 나처럼 흐느적한 몸으로 침대 곁에 누웠다.

내일은 또 저 가방에 무얼 바리바리 담을까?

사람은 무엇으로 사는가?

☾ 사람은 무엇으로 사는가?

글쎄다.

사람은 그저 이거저거, 요거조거 짬뽕으로 사는 거 같다.

사람은 사랑으로 사는 건지, 행복으로 사는 건지, 아니면 의지로 사는 건지, 여러 가지를 떠올려 보지만, 그저 사람은 이거저거 짬뽕으로 사는 거 같다.

하나가 넘치면 다른 하나가 모자라고, 또 다른 하나가 있으면 다시 또 다른 하나가 부족하고, 그래도 이거저거 있는 게 있으니 그거로 사는 거 같다.

있는 그게 뭐고, 없는 그게 뭐고 간에 말이다.

엊그제 이불솜 털어낼 때 흩날리던 솜털 같은 눈이 찌부둑하게 공중에 날리더니 어젯밤엔 밤의 어둠과 불빛 속에서 눈이 내렸다. 어둠 속 불이 밝힌 눈의 길이 수직으로 나면서 창문 밖 눈의 발이

땅에 꼿꼿이 서는 듯했다.

사람은 무엇으로 사는가?

송년의 바람이 눈을 타고 부는 동안 사람 사는 세상에선 축제가
시작됐다.
또 송년.

작년, 재작년에 열린 송년의 축제가 올해도 어김없이 사람의 땅
에 열렸다.
한 해를 보내는 게 축제라면 오지게 힘들었던 한 해이었던가, 벅
찬 한 해였을 거다.
그러나 최근 내 삶의 한 해는 오지게 벅차거나 가슴 저리게 힘든
일은 없었다.
그저 소소한 즐거움과 소소한 결핍이 내 삶 속에 드나들며 아침
을 열고 밤을 닫았다.

소소한 즐거움이 뭐였는지 결핍이 뭐였는지 기억도 가물가물한
그저 이거저거, 그거저거로 큰 탈만 없었다면 무탈한 삶. 어쩌면
우리는 그런 해를 보내는 게 축제를 벌일 만큼 기쁘고 즐거운 일로
여기고 있는지도 모른다.

무탈만 해도 잘 살았다고 자축할 수 있는 삶.

아무리 큰일도 더 큰 일 앞에선 맥을 못 추고 용서받거나 허용되는 그런 삶.

사람 사는 세상에 대소사는 대사가 일어나는 순간부터 소사는 그런대로 용인되었다.

가정의 대소사도 대사 앞에 소사가 그림자처럼 자취를 감추고, 국가의 대사는 소사의 거취를 매스컴에서 지웠다.

일상에 대사만 있다면야 심장 후들거려서 살겠는가마는, 그래도 잔잔한 소사들 사이사이 대사가 있어서 지루한 일상을 버티는 건지도 모른다.

사실 어떻게 거칠고 험한 세상을 사는 게 무탈하기만 하겠는가?

어떤 사람은 환절기 감기로 오지게 고생했고 어떤 사람은 돈벌이가 혹독했고, 어떤 청년은 취업준비에 진을 뺐으며, 또 다른 어떤 이는 다른 어떤 일로 개고생했다. 모두가 나름대로 당시엔 큰일이었던 그런 일들.

그래도 12번째 달력이 끝판을 달릴 땐 감기도 소소했고, 돈벌이도 소소했고, 취업준비도 소소했던 일상이다. 그 모든 것들을 감당하고 극복하며 살아내느라 우리는 애썼다.

그래서 한 해가 모두 지나가는 걸 송년이라고 하는 걸까?

우리는 늘 한 해를 보내고 있는 걸까?

내 나이 반백이 지나면서 하루 24시간은 너무 짧은 개념이었다.

50시간을 하루라고 하면 지금 삶에서 두 배는 더 많은 일을 할 텐데, 두 배는 더 잠을 잘 텐데, 두 배는 더 운동할 텐데, 두 배는 더 사랑할 텐데.

이제 한 해는 보내는 게 아니라 지 혼자 훌러덩 가고 있어서 붙들려 애를 써도 잡을 수 없다. 그저 지 혼자 유유히 가고 있는 개념의 시간.

그래서 언젠가부터 나의 송년은 내가 원하지 않는 개념의 언어였다.

나는 송년 하고 싶지 않다.

그저 살살 가라고, 천천히 가도 되지 않겠느냐고 물을 뿐이다.

어젯밤 불빛 속에 내려온 눈발이 송년의 발걸음과 다시 만났다.

오늘도 송년회.

위협사회

       🌙 재수해서 시험에 합격한 대학에서 교
수가 최종 면접을 하며 경제학과에 왜 지원했느냐고 물었다.
  나는 생각할 겨를도 없이 "돈이 벌고 싶어서요."라고 했다.

  교수가 왜 돈이 벌고 싶으냐고 다시 묻기에
"돈 걱정 없이 살고 싶어서요."라고 했다.

  대학을 졸업하고 들어간 직장은 돈이 많은 곳이었다.
돈더미 속에서 돈에 살고 돈에 우는 일상이었다.
어쨌거나 직장에 있는 시간만큼은 돈 걱정 없었다.
물론 그 돈이 내 돈은 아니었지만 말이다.

  온종일 돈 냄새와 돈 먼지와 돈 세는 소리로 가득한 돈 공장 같
은 곳에서 원 없이 돈을 만졌다. 책상을 닦으면 녹차 가루 같은 돈
가루가 푸르스름하게 묻어나서 돈 때문에 돌 지경이었다.

　5년여의 직장생활이 흐른 뒤 대학 면접시험을 보았던 학과 교수가 고객으로 방문했다.
　교수는 과거 나와의 첫 면담을 기억하며
　"돈을 벌고 싶다더니 여기서 돈 버는구나! 이제 돈 걱정 없이 살겠네."라고 말했다.

　돈에 파묻혀 돈을 벽돌처럼 나르며 지내니 돈 걱정이 없을 줄 알았는데 그렇지도 않았다. 돈이 없으면 없어서 걱정, 돈이 있으면 더 갖고 싶어서 걱정이었다.

　돈은 그랬다.
　요물이었다.
　술에 취해 몸이 절고, 혀가 절 때조차도 돈 얘기만 하면 잠자던 감각도 소금 벼락을 맞은 미꾸라지가 팔팔 뛰는 것처럼 팔딱팔딱 고개를 들었다.

　나는 늘 돈 벌기를 원했다.
　지금도 물론 그렇다.
　돈을 벌어서 무엇에 쓰려는지 그 용처가 불명해도 한 푼이든, 두 푼이든 버는 걸 좋아한다.
　쓸 줄도 모르면서 왜 버느냐는 핀잔도 듣지만, 그래도 나는 버는 걸 좋아한다.

버젓한 꿈이 있어서 큰돈을 벌려고 한다면 할 얘기도 많을 거다.

그러나 난 해변에 큰 호텔을 짓고 싶다든가, 사회에 공헌을 한다든가 하는 폼 나는 목적성도 없다. 그저 목숨 줄 붙어 있는 한, 일하며 돈을 버는 건 삼시 세끼 밥 먹는 것처럼 자연스러운 일이다.

끊임없이 경제활동을 하는 나를 보던 친구는 전생에 돈 귀신이라도 보았느냐고, 돈 귀신에게 물려서 돈을 잡는 중이냐고 물었다.

왜 나는 끊임없이 돈을 벌려고 할까?

친구 말대로 전생에 돈 귀신을 보았던 걸까?

내 큰 언니가 그랬듯이 나도 돈이 없으면 늘 불안했다.

돈이 필요했던 대학 시절 돈이 없어서 하고 싶은 걸 마음대로 하지 못했던 경험 때문인 것 같다.

지금 당장 먹을 게 있어도 내일의 끼니를 걱정하는 어미의 마음처럼 내일까지 내가 안전하길 바랐다. 생존이 위협받는 상황이 아직 오지 않았어도 올까 봐 두려웠다.

건강을 잃어 본 사람이 건강 염려증으로 조그마한 몸의 신호에도 과한 반응을 보이는 것과 같았다.

이젠 아이들도 성인이 되고 이만하면 덜 먹고 덜 입으며 살면 그

럭저럭 살겠거니 싶었는데 요즘 들어 또다시 돈 걱정할 일들이 생겼다.

100세 시대에 실비보험 하나 없으면 100세까지 어떻게 살 거냐며, TV홈쇼핑 쇼 호스트가 빨간 립스틱이 마르도록 외쳐대고, 라디오에선 100세 건강시대에 건강 이상 징후를 얘기하며 건강 검진을 권한다.

일간 신문에선 100세 시대에 국민연금은 꼭 가입해야 안전빵으로 노후를 보낼 수 있다고 하는가 하면, 버스 전면 광고는 관절이 튼튼해야 100세까지 살 수 있으니 관절 수술을 권한다.

치과에선 이가 튼튼해야 100세까지 살 수 있으니 임플란트하기를 권장하고, 수영장 샤워실에선 100세를 살려면 부지런히 운동하고 치매 예방에 좋다는 노래공부도 해야 한다는 노인의 목소리가 물줄기를 타고 내린다.

100세 시대를 살아내려면 운동도 해야 하고, 연금도 들어야 하고, 연골 수술에, 임플란트에 실비보험에, 피부관리, 식생활관리, 노래공부까지 할 거 천지다.

칼만 안 들었지 돈을 안 주면 찌르겠다는 강도의 위협처럼 많은 걸 준비 못 하면 100세 전에 죽을 거 같다.

100세를 살아갈 사람들.

누가 100세를 살아갈 사람들일까?

이미 100세를 살아낸 사람들은 이런 걸 다 준비해서 살아낸 걸까?

나는 몇 살까지 살 수 있을까?

100세까지 살 수 있을까?

진달래 피고 새가 우는 이 좋은 세상을 100세까지 산다면야 기분 째지겠지마는, 인간의 몸이 산화와 퇴행의 노화가 진행되는 한, 10살과 100살의 차이는 바람 빵빵한 풍선과 바늘에 찔린 풍선 같을 텐데, 100세를 사는 중에도 빵빵한 풍선을 유지하는 공기의 양만큼 이거저거 비축해야 하는 걸까?

나이가 들면서 병원 갈 일은 많고 소득은 없으니 미리 비축하는 곳간의 쌀도 의미는 있으나, 이처럼 100세를 향해 준비만 하다 보면 나는 언제쯤 돈을 버는 노동에서 자유로울 수 있을까?

100만 원이 필요해서 100만 원을 벌었더니 1,000만 원이 또 필요한 시대가 왔으니, 나는 또 얼마나 많은 시간 1,000만 원을 벌기 위해 일해야 하는 걸까?

내 청년 시절 결핍의 불안이 중년까지 비축하는 트라우마로 가득했는데 아직 오지 않은 미래의 불안으로 나는 또다시 얼마나 많은 현재의 삶을 저당해야 하는 걸까?

청년 시절엔 학비 버느라, 성인이 되어선 가족과 사느라, 중년이 되어선 100세를 살려고 평생 준비만 하다가 좋은 시절 다 가고 죽는다면 나는 그때 뭐라고 말할까?

버나드 쇼가 "우물쭈물하다가 내 이럴 줄 알았다."라는 묘비를 쓴 것과 반대로

"준비만 하다가 좋은 시절 다 갔다."라고 말할까?

"100세는 내가 원하던 게 아니었다."라고 말할까?

내가 느끼는 끝없는 사회적 위협은 어디서 온 걸까?

사회가 위협하는 걸까?
나 스스로 위협받길 자초하는 걸까?

당신은 어떤 생각일까?

저 많은 타로는 어디서 왔을까?

☾ 대학가 1킬로미터 거리를 지나는데 타로, 사주보는 곳이 8군데나 있다.

먹자골목을 마주한 대로변에 푸드 포장마차들과 어깨를 나란히 한 포장마차 타로, 사주 점집이 청년들의 줄을 세웠다.

저걸 왜 보는 걸까?

사주를 봐서 어쩌겠다는 걸까?

점괘 맞추듯이 개인의 과거를 맞춰 주기 때문일까?

미래를 맞춰주기 때문일까?

과거를 맞춰서 어디에 쓰려는 걸까?

과거는 본인이 겪었으니 자신이 더 잘 알 테고, 이미 지나간 과거가 왜 궁금한 걸까?

과거를 발판삼아 점프하려는 걸까?

미래는 왜 알고 싶을까?

미래에 인생이 잘 풀릴지 꼬일지를 알고 싶은 걸까?

잘 풀린다면 어떻게 풀린다는 걸까?

꼬인다면 어떻게 꼬인다는 걸까?

무엇이 그(그녀)의 인생을 잘 풀어줄까?

인생의 대로가 훤히 뚫린다면 무엇 덕분일까?

귀인이 나타난다는 걸까?

신데렐라가 된다는 걸까?

평강공주가 나타난다는 걸까?

아니면 드라마 『구르미 그린 달빛』처럼 내시와 왕자의 사랑이 이루어진다는 걸까?

그것도 아니면 어느 천지가 개벽하는 날 하늘에서 인생의 보너스가 '뚝!' 떨어진다는 걸까?

그렇다면 사주를 봐주는 사람들은 자신의 인생이 잘 풀리는 시점도 알고 있을 텐데 왜 평생 남들 것만 봐주고 있을까?

인생이 저절로 풀리는 시점이 있는 거라면 나는 벌써 반백 년을 살았는데, 왜 두루마리 휴지 굴러가듯 훌훌 풀리는 시절은 없었던 걸까?

앞으로 남은 생에서 풀린다는 걸까?

저 청년들은 왜 저기에 줄 서 있을까?

해도 해도 안 되기에, 또 해도 해도 안 되기에 답답해서 미래가
궁금한 걸까?
　5년 후, 10년 후에 풀린다니까, 그때쯤,

"요이~땅!"
하고 달리려고

"5년쯤, 10년쯤 기다리는 건, 껌!"

이라는 희망으로 온 걸까?

　그런데 5년 후, 10년 후 저곳에 줄 섰던 기억이 날까?
　점괘가 뭐였는지 기억날까?

　음식도 먹어봐야 맛을 알고 놀이도 해봐야 재미를 아니까 재미
삼아 해보는 걸까?

　사주 본 사람들은 왜 한 가지씩 희망을 갖고 나올까?
　희망 하나쯤 던져주는 건, 타로, 사주의 매뉴얼일까?
　그나마 복채 값은 되돌려줘야 상도라고 여기는 걸까?
　그거라도 되돌려 줘야 타로, 사주를 자주 이용하는 걸까?

인생은 풀리는 게 아니라 풀어가는 거 같은데 내 생각이 틀린 걸까?

엉키면 풀고, 엉킬까 봐 풀고, 엉키기 전에 풀고, 때때로 잘라 붙이기도 하는 게 인생 같은데 내가 틀린 걸까?

저 많은 타로, 사주는 어디에서 왔을까?

똘끼

☾ 내 글을 읽고 그녀는 이해했는데 그가 이해 못 했다면 그 이유는 둘 중 하나다.

그의 가독력이 모자라거나 내가 글을 잘 못 썼거나.

그러나 한글만 알면 읽을 수 있고 이해할 수 있는 보편적 글에서조차 그 누군가 이해를 못 하는 상황이라면 그건 글 쓴 사람이 세심하게 설명하거나 예시 설명을 잘 못 해서일 거다.

남녀 성의 영역과 연령 노소에 경계는 늘 있고, 경험의 한계도 있을 거다.

어떤 사람은 내 글을 읽고 공감 백배라며 댓글 했는데, 어떤 사람은 뭔 소린지 4차원의 영역이라며 이해하지 못한다면 보편적, 객관적, 일반적 글이 될 수 있도록 함축한 압축을 집 파일(Zip File) 풀 듯 풀어줘야 할 거다.

함축과 의미가 내포하는 글을 자주 쓰는 이유는 뭘까?

그건 함축하는 데 습관이 됐거나 잘난 척 멋을 부리기 때문인 것 같다.

둘 중 어느 경우라고 해도 그런 글이 가독력이 떨어지는 건 마찬가지니 어쨌거나 타인이 읽을 글을 어렵게 쓰거나 함축의 기교를 자주 부린다면 속히 집 파일(Zip File)을 풀어야 할 거다.

말도 마찬가지다.

대화를 하거나 강연을 하거나 간에 청중의 소수라도 말하는 사람의 어휘가 어렵다고 느껴진다면 그건 전적으로 말을 전달하는 사람이 풀어야 할 숙제일 거다.

전문적인 용어라도 듣는 사람의 눈높이에서 이해할 수 있도록 보편적, 일반적 언어로 변환하거나 그게 불가능하다면 쉬운 사례로 이해할 수 있도록 풀어주는 방법 말이다.

우리나라 사람들이 많이 쓰는 한자도 마찬가지다.

한자가 학교공부에서 필수였던 세대는 그나마 한자를 이해하지만, 그렇지 않은 세대는 경우가 다르다.

한자의 뜻을 알아야 말의 의미를 이해하는데, 한자를 모르는 세대에게 아무리 한자성어를 남발해봤자 의미 전달에 성공할 리 없다.

못 알아듣는 청취자는 괜히 자신이 무식한 거 같아 주눅 들기 쉽고 그런 소통이 재미있을 리 없다. 그런 자리에서 내가 청취자라면 재수 없다며 그 자리를 뜰 거다.

청취자가 있어야 가능한 대화나 강연에 흥미를 잃게 하는 건 결국 말하는 사람이 제 살 깎아 먹는 행위다. 그런 상황이 온다는 걸 미리 안다면야 우를 범하겠는가마는, 간혹 어떤 사람들은 대화나 강연에서 본인만이 알거나 어려운 전문용어를 남발하는 때도 있다.

나처럼 성깔 있는 사람은 '덜떨어진 인간'이라며 뒤도 돌아보지 않고 돌아서는데, 사실 나도 과거 어딘가에서 그런 짓을 꽤 했다. 그래서 어떤 사람에게는 재수 없는 인간이었고 어떤 사람에게는 덜떨어진 인간이었다.

몰라서 그랬을 수도 있지만, 고의로 그런 경우도 많았다.
어디선가 보았던 어휘, 어디선가 보았던 문구, 속이 꼬여서 혀도 꼬였던 영어 단어 남발.

몰라서 그런 거야 어쩔 수 없다 치더라도 고의로 그런 건 왜 그랬을까?
그건 잘난 체하고 싶었던 거다.

잘난 체하는 게 잘난 걸까?

잘난 것처럼 보이고 싶은 게 잘난 체니까, 잘 살펴보면 그건 어린 애들이 하는 짓이다. 유치한 행동 말이다.

매슬로우(Abraham H. Maslow)도 인간의 욕구 5단계에서 인정의 욕구를 생존의 욕구, 안전의 욕구보다 더 상위의 욕구로 분류한 걸 보면 사람들은 먹고살 만하면 타인으로부터 인정받고 싶은 욕구가 늘상 있게 마련인가 보다.

그러나 인정욕구라는 게 물론 세상 살맛 나게 하는 욕구이긴 하지만, 그래도 어린 시절의 인정욕구와 중년의 인정욕구는 차원이 다를 거다.

어린 시절엔 걸음마를 할 때 '걸을 수도 있는 아이'로 요란한 박수 받으며 인정받았다면, 중년의 인정은 바람처럼, 숨결처럼 소리 나지 않고도 인정되는 것처럼 말이다.
이게 어른이고 이게 품위일 거다.

그래서 과거 내가 누구에겐가 고의로 유식한 척, 잘난 척했던 행동은 철부지 성인의 똘끼일 뿐 내세울 인정이 아니었던 거다.

그 유치한 똘끼가 내 곁에 있었던 어떤 그(그녀)를 떠나보냈는지도 모른다.

02

암모니아 냄새

따르릉 따르릉

사람이 사람을 키운다는 건 징글징글 맞게 힘든 일이기도 하지만, 징글징글 맞게 행복한 일이기도 한 것 같다.

자식 키우는 게 아침저녁으로 물 주어서 쑥쑥 자라게 하는 건 아니지만, 그나마 자기 영양분으로 뼈가 크고 살이 붙으며, 커 가는 데 부모 공이 큰 건 사실이다.

키워놨더니 제 혼자 큰 것처럼 부모를 무시하거나 자기 혼자 잘 나진 것처럼 구는 싸가지 없는 자식들도 있지만, 그래도 결혼해서 자식 농사 지은 것만큼 더 보람되고 행복한 일이 있을까?

우리 아파트 뒤 곁엔 유치원이 있는데, 요즘 그 유치원에 손녀딸을 데려다주는 할아버지가 자주 눈에 띈다.

그 할아버지가 손녀를 유치원에 데려다주는 모습이 내 눈에 깊이 포착된 날은 비가 억수로 내려서 거의 눈앞이 보이지 않는 궂은

날씨였다.

　폭우가 쏟아지는 아침에 우비를 입고 노란 우산을 쓴 손녀가 분홍장화를 신은 채 할아버지 자전거의 짐칸에 타고 있었다.
　할아버지는 빗길이 위험하고 시야가 가려서인지 손녀를 태운 자전거를 끌고 왔다.

　뒤에 탄 손녀는 할아버지한테
　"할아버지 힘들어?"
라는 말을 연신 해대며 자전거를 끄느라 애쓰는 할아버지를 독려했다.

　녀석, 지가 내려서 걸어가면 할아버지가 저 고생을 안 해도 될 텐데….
　"어여 내려 이눔아! 내려서 걸어가!"

　이 말을 하고 싶어서 침이 꼴깍 넘어가는 순간에 할아버지가 말했다.

　"할애비 안 힘들어. 꽉 붙들고 있시야 혀.
　우산 놓치지 말고 자전거도 꽉 잡고 있시야 혀, 할애비가 잘 가고 있시니께, 꽉 붙들고 있시야 혀!"

우비도 입지 않은 채 자전거를 끄는 할아버지는 머리와 뺨 목덜미, 옷까지 비에 흠뻑 젖어 물에 빠진 생쥐 같았다.

가까스로 유치원에 도착하는 할아버지가 감기라도 걸릴까 봐 우산이라도 받쳐드리려 했더니

"기왕 젖은 거 괜찮아유, 옷 갈아입으면 되쥬. 우리 손녀는 안전한께 됐슈."

라고 만류하며 활짝 웃었다.

일찌감치 할아버지가 된 대학 동창이 말하기를

손주는 자식과 또 다른 감정이 생긴다고 하더니, 이 할아버지의 감정이 '자식과 다른 손주에 대한 그 어떤 감정'인가 보다.

비에 흠뻑 젖은 할아버지의 미소에 녹아든 내 눈이 눈물로 흥건해졌다.

자식 키우는 기억 중의 눈물인 것 같은데 그건 행복일까, 안도일까, 의무일까, 도리일까?

만감이 교차하는 가운데 할아버지의

'처벅처벅.'

젖은 발걸음 소리가 빗소리에 묻혔다.

징글징글 맞게 힘들던 자식 키우는 일도 할아버지의 나이쯤 되

고 손주의 재롱이 아른거릴 땐 징글징글 맞게 행복한 삶으로 보상
받는 걸까?

그래서 그 옛날 한 아이를 업고, 한 아이를 걸리고, 기저귀 가방
과 핸드백을 메고도 아침저녁으로 5층 아파트 계단을 오르내릴 수
있었던 걸까?
감기로 열이 나는 아이에게 엄마한테 감기를 옮기라고 부둥켜안
고 입술을 문대며 가슴 아파했던 걸까?

부모, 우리는 미리 알고 있었던 걸까?
훗날 무조건적 사랑의 손주가 징글징글한 자식 양육의 기억을
보상한다는 걸 미리 알고 있었던 걸까?

이 좋은 가을날, 이 아침에도 손녀를 태운 할아버지의 자전거가
유치원에 들어섰다.
'따르릉 따르릉!'
자전거 벨 소리가 아파트 광장을 어슬렁거리던 들고양이에게 비
키라고 소리했다.

"이눔아 비켜라!
우리 손녀가 유치원에 간다.
이 좋은 가을날에 내 손녀가 유치원에 간다!"

그러게 말이다

"선생님이 좋으면 좋다고 하지, 공부는 왜 해?"
"공부 못하면 선생님이 싫대?"

그러게 말이다.
좋아서 좋다고 하는데 공부를 잘해야 좋아할 수 있나?
공부 잘하면 선생님도 좋아하나?

사람의 정서는 자신이 속한 환경을 떠나지 못한다더니 드라마의 대화가 내게 꽂힌 것도 같은 이유다.

내겐 여고 시절 내내 눈만 마주쳐도 가슴이 두근거리는 남자 선생님이 있었다.

어느 땐 여자인지 남자인지 성의 정체성마저 혼란스럽던 분이었는데, 그 선생님은 바람이라도 호되게 불면 '훅!' 날아갈 것처럼 몸이 야실야실해서 누군가가 보호해줘야 할 것 같았다.

그 누군가가 내가 된다면 더없이 기쁠 것 같았다.

음영이 짙은 두 눈은 깜빡일 때마다 눈물이 '툭!' 떨어질 것처럼 촉촉했고, 선생님의 옆모습에 햇빛이 비칠 때면 긴 속눈썹 아래로 고독의 그림자가 어렸다.
그야말로 소설이나 영화에 나옴 직한 비련의 주인공처럼 온몸에 서정시를 지닌 듯했다.

나 말고도 대부분의 학생들이 그 선생님을 좋아해서 영어 수업이 있는 날엔 교실이 들썩거리며 선생님께 잘 보이려고 예습, 복습을 많이 했다.
덕분에 우리 반이 영어공부 잘하는 학생들만 모였다고 했다.

선생님의 수업시간은 전율과 야유와 환희의 순간들이었다.
선생님이 좋아서 영어공부를 많이 하는 친구들은 영어를 모국어처럼 사랑했다.

그러나 나는 영어 선생님이 좋아서 공부를 할 수 없었다.
수업시간 내내 선생님의 그늘진 눈빛과 속눈썹을 쳐다보느라고 수업에 집중할 수 없었다.
게다가 가끔씩 교대로 손을 한쪽 볼에 댄 채, 한 손으로 교과서를 들고 수업을 할 때면 내 손을 대 주고 싶어서 힐끔거리며 선생님을 훔쳐봤다.

책의 여백에 수업내용보다 선생님의 눈과 손을 더 그렸다.

선생님이 영어를 가르쳤던 기간 동안 내 영어 시험점수는 40점을 넘지 못했다.

좋아서 흠모한 선생님의 모습만 그리다가 고등학교 영어공부가 끝났다.

대학시험에서도 변변찮은 영어점수 덕에 4년 내내 밀린 영어 공부하느라 뺑이쳤다.

선생님을 좋아하기도 하면서 영어공부도 잘하는 아이들의 능력이 신기했다.

사람이 좋아서 미쳤는데 어떻게 미친 정신으로 공부까지 잘 할 수 있었을까?

아니, 선생님이 좋아서 공부를 잘하려고 했던 친구들의 이유는 뭘까?

공부를 잘하면 선생님이 좋다고 해서일까?

정말로 공부를 잘하면 선생님도 좋아하는 걸까?

영어공부를 잘한 적이 없으니 그걸 알 도리가 없었다.

반대로, 공부를 못하면 선생님이 싫어할까?

선생님은 영어공부 못한 나를 싫어했을까?

대놓고 "너 싫다!"라는 느낌을 받은 적은 없는데, 선생님이니까 그런 감정을 잘 조절했을까?

사실 생각해보면 선생님은 그저 40점짜리 학생이 있다는 것 외엔 나를 기억하지 못했던 것 같다. 그러니까 졸업을 하고 성인이 돼서도 나를 기억하지 못하는 게 아닐까?

만일 공부를 잘해서 선생님도 학생을 좋아했는데 그 학생이 공부를 못하게 되면 선생님이 다시 그 학생을 싫어하게 될까?

이 질문은 어디에 해야 할까?

선생님들에게 물어봐야 할까?

선생님이 좋아서 공부를 열심히 한 건 선생님께 인정받고 싶어서일 텐데, 상대에게 인정받아야 상대를 좋아할 수 있는 걸까?

인정받아서라도 관심을 끌고 싶어서일까?

관심받을 만한 매개가 사라지면 어떻게 되는 걸까?

다시 좋아할 만한 자격이 없거나 좋아하는 대상이 사라지게 되는 걸까?

예뻐서 좋아하고, 공부 잘해서 좋아하고, 잘 생겨서 좋아하고, 젊어서 좋아하고, 돈 많아서 좋아한다면 그런 외재적 요인이 사라질 땐 어떻게 되는 걸까?

그때도 처음처럼 좋아하고 사랑할 수 있을까?

젊은 시절 나는 왜 남학생들에게 인기가 없었을까?
예쁘지 않아서였을까? 키가 작아서였을까? 가난해서였을까?
잘 나지도 않은 게 잘난 척해서였을까?

그런데 나는 왜 그 시절 그들을 잘 생겨서 좋아하고, 공부 잘해
서 좋아하고, 똑똑해서 좋아하고, 돈 많아서 좋아했을까?
나는 지금도 그들을 좋아하고 있을까?
내가 좋아했던 그들은 지금 어디에 있는 걸까?

나는 왜 쭉정이 밤톨을 열심히 깠을까?

바람이 보이던 날, 바람이 보이는 날

🌙 동그랗거나 세모이거나 네모의 바람이 밤의 거리에 나왔다

오늘 아침엔 그들이 억세게 힘을 모아 나왔다.

억센 바람에 몸을 맡긴 사람들이 동동거리며 굴러갔고 사각의 바람에 휘둘린 거리의 낙엽이 강으로 가거나 하늘로 솟았다.

바람이 기억한 수능일은 늘 역수로 바람 쫌 불어줘야 제 할 일을 다하는 듯했다.

그날 엄마는 내 도시락을 쌌다.

8남매의 생계를 책임졌던 엄마가 손수 도시락을 싸 준 건 내 학창시절의 처음이자 마지막이었다.

아버지나 언니 오빠들이 엄마를 대신해 나를 업어 키우는 건 기본이고, 학교공부와 도시락도 챙겨 줘야 했다. 아침에 잠자리에서 눈을 뜨면 엄마는 늘 없었다.

그러나 대학시험을 치르던 날엔 엄마가 새벽부터 내 도시락을 쌌다.

뜨끈뜨끈한 찹쌀밥을 플라스틱 도시락에 담으며, 그 밥을 다 먹으면 시험에 붙을 거라고 했다.

새벽에 따끈했던 도시락은 시험을 치는 동안 식어서 밥이 떡처럼 굳었다.

그래도 그걸 먹는 건 엄마의 정성과 기도를 받는 거였다.

밥을 젓가락으로 떼어먹는 건 1분이 아쉬운 점심시간을 허비하는 거나 마찬가지이기도 했지만 사실 그럴 수도 없었다.

찹쌀밥은 지그들끼리 점성에 서로를 당기는 자성까지 더하여 밥알들 서로가 서로를 굳세게 끌어안고 있었다.

숟가락으로 바둑판처럼 금을 그어 삽으로 모판을 떠내듯 한 덩어리씩 파먹었다.

아구 한가득 머문 찹쌀밥 덩어리가 목울대를 지날 때마다 가다가 서다가를 반복하며 긴 시간 식도를 통과했다.

대학시험에 붙으라고 찹쌀밥을 먹었으니 시험에 붙어야 했다.

가까스로 목울대를 지나던 찹쌀밥 덩어리는 소화하며 끈기를 포기하고 분쇄하며 분해해서 화학작용을 했다. 시험엔 떨어지고 소화는 잘 시켰다.

재수했을 때도 엄마는 찹쌀밥을 싸줬다.
떡처럼 굳은 찹쌀밥 도시락이 생각나서 미간을 찌푸리려는 순
간, 엄마는 손수건에 싼 도시락 대신 두툼한 가방을 내밀었다.

가방 안엔 밥주발을 담아 아랫목에 넣어두던 스티로폼 밥주발
보온통이 동그란 대머리 뚜껑을 위로하고 수줍게 놓여 있었다.
새벽에 김이 모락모락 났을 찹쌀밥은 점심시간까지 엄마의 손처
럼 온기를 머금고 밥의 모양새로 기다리고 있었다.

책상과 밥그릇에 머리를 처박고 밥을 먹는 내내 뜨거운 눈물이
밥과 함께 넘어갔다.
모판처럼 굳은 밥을 꾸역꾸역 먹는 것도 아닌데 밥은 또다시 꾸
역대며 눈물과 콧물에 범벅이었다. 책상에 처박은 머리가 고개를
들 무렵 스티로폼 주발 밥통의 대머리 뚜껑에 남은 눈물 한 방울
더 내렸다. 엄마가 싸준 두 번째 찹쌀밥 도시락에 합격 통지서가
붙었다.

사랑은 그런 거였다.
부모의 사랑은 그런 거였다.
몰라서 서툴고, 없어서 서툴고, 바빠서 서툴고, 알아도 서툴고.

서툴고 서툴어도 받으면 받는 대로 눈물이 내리는 거였다.

내일은 또다시 이 땅의 수능일,
바람이 보이던 날, 바람이 보이는 날.

도레미파솔라시도

        피아노 치기를 좋아하는 딸은 피아노를 참 잘 친다.

대놓고 자식 자랑 한다 해도 어쩔 수 없다. 이건 자랑이다.

돼지와 사는 것 같은 딸의 방을 보며 꾸짖다가도 피아노 연주 소리만 들으면 오금을 못 펴겠다.

어렸을 때 가르쳤던 피아노 연주가 성인이 되니 취미로 자리 잡았다.

학교에 다녀온 아이를 돌봐 줄 사람이 없어서 가정방문 피아노 선생님께 피아노 연주를 가르쳤다. 연주를 배우는 것보다 한 시간이라도 아이를 안전하게 보호해 줄 요량으로 선택한 안전망이었다.

그때 가르쳤던 연주가 성인이 되니 화가 난다거나 스트레스를 받을 때 감정조절의 도구가 되기도 하고 한가한 시간을 즐기는 놀이가 되기도 한다. 거의 매일 울리는 피아노 연주 소리는 우리 집에서 텔레비전 소리만큼이나 일상이 된 지 오래다.

딸의 연주를 들을 때면 하루의 피로를 잊은 듯 기분이 좋아진다.
그런 느낌을 애기했더니 딸은 내가 좋아하는 곡을 일부러 연주하
는 눈치다. 가사 일을 할 때면 틈틈이 연주 소리가 들린다.

어느 날 딸에게 연주 솜씨가 부럽다고 했더니 딸이 이렇게 말
했다.
"배워!"
아름다운 선율 속에 머물던 내 가슴은 이 한마디에 냉랭하게 얼
어붙었다.

'나쁜 년! 배우고 싶지 않아서 안 배우나?'

얼음장 같은 딸의 말에 오만가지 감정이 일었다.
'배워!' 한 마디가 내 눈에 머물러 눈물로 그렁그렁했다.

그렇지 배우면 되지. 부러우면 배우면 되지.
그날 즉시 피아노 연주 배우길 시작했다.
초등학생들이 주로 다니는 피아노 학원에 가는 게 쑥스러워서
선생님께 이렇게 말했다.

"저도 배울 수 있을까요?"
"그럼요! 충분히 하실 수 있어요."

선생님은 시어머니를 대하는 며느리의 대답처럼 조심스레 말했다.

처음 무언가를 배운다는 건 쪽팔리는 경험을 해야 하는 거라더니, 그나마 나 외에도 젊은 주부와 중년 남성이 배우고 있어서 덜 쪽팔렸다.

긴 머리를 중간에 땋은 모양의 높은음 표를 가리키며 선생님이 조심스레 물었다.

"혹시 이 부호를 아시나요?"

"높은 음표요."

"이 부호는요?" 하며 왼쪽을 향한 왕새우 부호를 가리키며 말했다.

"낮은 음표요."

온음표, 반음표, 한 박자, 두 박자, 반 박자 등의 음표가 중년의 기억 속에 아직 머물고 있는지를 확인한 선생님이 안심한 듯 이렇게 말했다.

"아, 아시는군요!"

"그래요. 다행이에요. 아직 내 기억 속에 오래된 과거의 음표가 남아 있어서 다행이에요."

라고, 말한 게 아니라 속으로 되뇌었다.

'그 정도는 아직 알지….'

걱정과 달리 피아노 연주를 배우는 건 어렵지 않았다.

물론 연주법은 어렵지만, 나잇살을 훔쳐 먹은 내가 정신세계에서 갖춰진 게 적어서 우쭐대거나 주눅이 들면 어쩌나 걱정했는데 그건 개나 물어가도 좋을 걱정이었다.

선생님이 워낙 친절하기도 하지만 성인은 바이엘이나 체르니 같은 교본이 아니라 성인용 교본으로 배웠다. 그 교본에 따라 가요를 연주하는 법을 배웠다.

잘 못 하면 못 하는 대로, 결석하면 결석하는 대로 존중받으니 과제와 출석에 대한 스트레스도 받지 않고 가볍게 배울 수 있었다.

더구나 배운 걸 잘 치면 "참! 잘하셨어요!"라고 칭찬까지 들으니 학원에 가는 게 즐거웠다.

이렇게 시작하면 될 걸 그동안 왜 딸의 연주를 부러워만 했을까?

딸의 냉랭한 '배워!' 한마디에 나는 왜 상처받은 소녀마냥 눈물이 그렁그렁했을까?

먹고 사느라고, 아이들 키우느라고, 바빠서, 시간적 여유가 없어서, 배울 시기가 지나서, 이것저것 이유를 갖다 대도 합당한 이유를 찾는 게 어려웠다.

　대체 무엇 때문이었을까?

바빠서였을까?
아이들을 키우느라 정신없었던 걸까?
마음의 여유가 없어서였을까?

　이유를 찾는 생각에 이끌려 아파트 계단을 오르던 중 아래층에서 내놓은 쓰레기 박스의 글에 눈이 갔다.

　"시도할 용기도 없으면서 멋진 삶을 살길 바라는가!"

용기!
난 그동안 용기를 못 낸 거다.
이제 용기를 담은 내 두 손이 두 달째 피아노 건반에서 노닌다.

　도레미파솔라시도, 도시라솔파미레도.

자존의 요 강, 타존의 저 강

🌙 황정은의 소설 『계속해보겠습니다』에 등장하는 나나가 결혼 전 아기를 만든 남자와 결혼하지 않겠다고 한 이유는 간단했다.

시아버지 될 사람이 사지가 멀쩡한데도 평생 요강을 사용하고 있었다는 것, 거실에 화장실이 한 개, 방 안에 화장실이 한 개, 무려 화장실이 실내에 두 개나 있는데도 아직도 요강을 사용하고 있다는 것. 그 요강을 시어머니 될 사람이 평생 비우고 사는데 그런 가정환경이 이상하지 않은 거라고, 부부니까 그런 거라고 당연시하며 살아가는 남자의 태도 때문이다.

물론 그 남자를 사랑하지 않으면서도 아기를 만들자고 했기 때문에 큰 핑곗거리가 생긴 건지는 소설 속 이야기라서 깊이 물어볼 방도가 없었다.

아기의 아버지 될 남자는 여자의 그런 태도를 이해할 수 없다고 괴로워하지만, 결국 아기의 엄마는 결혼을 거부하고 미혼모로 아기를 낳아 키우기로 한다.

소설의 아기 엄마가 이런 이유에서 결혼을 거부한 마음은 어떤 것일까?

사지 멀쩡한 시아버지가 밤새 눈 오줌을 받은 요강을 비우는 시어머니의 꼴이 될까 봐 그게 싫은 걸까?

그런 환경을 아무렇지도 않게 보고 살아온 아들이 훗날 자신의 아내에게 아버지와 같은 행동을 하지 않으리라는 보장이 없다고 생각했기 때문일까?

남자의 아버지가 했던 대로 아들도 아내를 "어이!" 하며 부르고 지시하며, 밤새 볼일을 본 요강을 비우게 할까 봐 그랬을까?

그렇다면 여자의 남자는 왜 그런 가정환경이 당연하다고 생각하며 자랐을까?

남자의 아버지와 마찬가지로 남자도 엄마로부터 무한한 희생과 헌신을 받으며 살았기 때문일까?

워낙 순둥이로 자라서 부모가 하는 행동을 그대로 순응하며 자랐기 때문일까?

무서우리만치 권위적인 아버지의 기운을 받고 자랐기 때문일까?

어린 시절 우리 집에도 요강이 있었다.

스테인리스로 된 요강은 중년 부인의 펑퍼짐한 엉덩이 같기도 하고, 커다란 사과 모양 같기도 했는데, 꼭지가 달린 뚜껑을 모자처럼 눌러 쓴 둥그런 요강이 밤마다 마루에 놓여 있었다.

손잡이가 없어서 양쪽 밑둥을 두 손으로 잡아야 들 수 있는 요강은 들고 옮길 때마다 꿀단지 옮기듯 두 손으로 모셔졌다.

엄마는 새벽부터 일터로 가고 오빠들은 깜깜한 밤중에도 대문 밖 개울가에서 인간 분수처럼 오줌을 싸서 요강을 사용하지 않으니 언니와 내가 요강 청소 담당이었다.

워낙 게으르고 잔대가리 굴리던 나는 이 핑계 저 핑계를 대며 요강 비우는 당번을 피했다.

별수 없이 언니가 거의 아침마다 요강을 비우고 저녁엔 우물가에서 낮 동안 펌프 물에 우려 놓은 요강을 마루 한구석에 갖다 두곤 했다.

한겨울의 영하 기온이 마루에 넘쳐 날 땐 요강도 꽁꽁 얼어서 꼭지 달린 뚜껑과 몸체가 달라붙었다.

그걸 열려면 잠시 동안 품에 안고 있어야 했다. 누군가 요강에 오줌을 누면 요강은 더 이상 얼지 않았다.

언니와 나는 요강을 변소에 비울 때마다 코를 쥐고 밤새 가족들이 쏟아 낸 암모니아 냄새를 맡는 것이 괴로웠다.

그래도 아침에 요강을 비우지 않으면 아버지가 불호령을 쳐서 언니는 늘 요강부터 비우고 학교에 갔다. 잠자리에 들기 전엔 마루 한구석에 언니가 갖다 둔 요강이 식구들의 오줌을 받으려고 앉아 있었다.

언니가 수학여행에 가거나 새벽 일찍 집을 나서게 되면 꼼짝없이 내가 요강을 비울 수밖에 없었다. 난 그 일이 싫어서 이따금씩 요강을 내다 버리곤 했다. 그럴 때마다 엄마는 멀리 내다 버린 요강을 어떻게 발견했는지 귀신처럼 다시 찾아왔다.

깨부수면 쓰지 않을 것 같아서 깨버리려 해도 스테인리스 요강은 좀처럼 깨지지 않았다. 던지고 던져서 요강이 쭈글쭈글해지자 엄마는 더 견고하고 커다란 무쇠 같은 요강을 사왔다.

밤새 요강을 쓰지 않기 위해 물을 마시지 않거나 자기 전에 오줌을 쥐어짜서 누고 자기도 했지만 나만 누지 않는다고 요강이 사라지는 건 아니었다. 내가 아니어도 식구 중 누군가가 한밤중에 일어나 '쉬이이' 하며 빈 요강을 채웠다. 잠결에 요강에 내리는 오줌 소리를 들을 때마다 소름이 돋았다.

요강 비우는 일이 싫어서 아버지한테 변소 가는 길목에 전등을 달아 달라고 했지만, 요강이 있는데 왜 전등을 달아서 전기를 쓰느냐고 야단쳤다. 나처럼 저녁에 물을 먹지 말자고 했더니, 그렇게 집안일을 하기 싫어서 어디에 써먹느냐고 했다. 언니와 나는 계속 요강을 비우는 수밖에 없었다.

나야 뭐 하기 싫은 일은 기어코 하지 않으려 했으니, 결국 요강

당번은 언니가 도맡아서 했다. 그래도 언니는 군소리 없이 묵묵히 요강을 비웠다.

언니의 유년에 요강은 건너지 못할 작은 암모니아 강이었다.

그런데 훗날 언니가 스스로 그 강을 건넜다.

아버지가 세상을 떠나도 건널 수 없던 작은 암모니아 강을 수년 후 스스로 건넜다. 회사 근처에 자취방을 얻어 집을 떠났다.

그후 나도 새벽으로, 밤으로 밖으로 쏘다니며 요강을 만나지 않았다.

지금은 좀처럼 요강을 찾아보기도 어렵지만, 어쩌다가 요강이 있는 집을 발견할 때면 애물단지 요강에 내리는 '쉬이이' 소리를 듣는다.

그리고 그 소리가 담긴 암모니아를 비워 내려 작은 두 손으로 요강을 품고 마당을 질러가던 언니가 보인다.

언니는 작은 손으로 아침마다 요강을 비우며 어떤 기분이 들었을까?

소설 속 시어머니가 남편의 오줌을 비우는 것처럼 가족이니까 참을 만했을까?

아버지의 권위적 기운이 무서워서였을까?

그렇다면 난 왜 그 일이 싫어서 요강을 내다 버리고 깨곤 했을까?

내 자존이 가족을 위한 마음보다 앞섰던 것일까?
언니의 자존은 어디에 있었을까?
소설 속 시어머니의 자존은 어디에 있었을까?
가족의 암모니아 강에 언니와 소설 속 시어머니의 자존이 빠졌던
건 아닐까?

불경기에 다른 일을 해보고자 한다는 언니의 통화에서
"이건 이래서 힘들 거구, 저건 저래서 어려울 거구…."
며칠 동안 말이 길다.

긴말을 싹둑 잘라서
"그거 해봐!"라고 했더니

"그걸 내가 어떻게 해? 너라면 물불 안 가리고 할 수 있겠지…."
라는 말이 건너왔다.

언니는 늘 그랬다.
"그걸 내가 어떻게 해?"

타존의 저 강에 머물던 암모니아 냄새가 언니에게 또 날아왔다.
언니의 말엔 아직도 암모니아 냄새가 난다.

구나!

☾ 끼니로 햇반을 내놓으니

"이런 걸 밥이라고 내놓았느냐!"

고 타박했다는 남편의 태도에 그녀가 수를 쓴 건 대단한 게 아니었다.

햇반을 데워서 밥솥에 쏟은 다음 그 밥을 밥그릇에 담아 주었다.

그녀의 잔머리 회전에 감쪽같이 돌려진 남편의 입에선 전자레인지에서 데워진 햇반처럼 탱탱하고 고실고실한 소리가 나왔다.

"그래, 밥은 이렇게 밥솥에 지어야 제맛이지!"

결국, 그녀의 남편은 그녀가 그를 어떻게 다루어야 하는지를 알려줬다.

새해를 맞이해 뉴스(News)를 전해 준 그녀의 음성이 무선의 전파 속에서도 톡톡 튀는 사이다 맛처럼 전해온 건 수년간의 묵은 짐을 벗어 낸 홀가분함 때문이란 걸 알았다.

"이혼했다!"

그래, 이혼했다. 네가 이혼했다.
요즘 이혼이야 벌건 대낮의 안개처럼 대수롭지 않은 일이라서 놀랄 일도 아니지만, 결국 이혼서류에 이름 석 자 적고 구청에 접수했다는 절차가 세세히 들려올 때 대수로운 일로 다가왔다.

위로를 해야 할지 환호를 해야 할지 그녀의 마음속에 드나들 수가 없으니 그저

"그랬구나! 그랬구나! 그랬구나!"
세 마디의 '구나!'로 그녀 마음의 중립을 오갔다.

어차피 4~5년 전부터 휴혼이나 졸혼이라는 신조어로 별거를 해오던 사람들이니 이혼이라는 소식조차 News보다는 Olds에 가까운 형편이지만 그래도 법적 절차를 밟는 것과 그것을 유보한 채 살았던 경험과는 사뭇 다른 모양이다.

구정 명절에 시댁이니 친정이니 하며 구색 맞출 일도 덩달아 사라진 김에 그녀는 여행을 떠났다.

귀성과 귀경으로 떠들썩한 교통방송이 송출하는 호텔 방에 혈혈단신 기거하는 심정이야 제 입으로 말하지 않아도 짠하고 외로운 그림자투성이 건만 그래도 자신의 행동에 정당함과 의미와 가치를 부여하는 것에 오랜 친구로서 마음이 놓였다.

인터넷에 '결혼의 조건'이나 '행복한 결혼의 조건'을 치니 무궁무진한 자료가 나왔다.

돈, 애정, 사랑, 학력, 성격, 궁합, 다름, 배려, 존중이니 하는 외재적 조건과 내재적 조건이 둥둥 떠다니는 정보의 바다에서 결혼하는 사람들은 무얼 건져 냈을까?

떠다니는 정보 모두를 그물로 낚은 사람들은 이 세상에 얼마나 존재할까?

어장 관리 중에 낚인 반반한 물고기 한 마리 잡았거나 낚싯줄에 걸린 애정의 물고기, 학력의 물고기, 돈의 물고기가 고작이거나 운 좋으면 두 가지나 세 가지쯤 겸비한 물고기 중에 행복한 결혼의 조건을 갖춘 물고기들은 얼마나 되었을까?

사랑이 넘치면 돈이 없고 학력이 넘치면 애정이 젬병인 상대를 만나면서 다름과 배려와 존중으로 충분히 살아갈 수 있다던 '처음처럼'의 소주 맛은 어디로 갔을까?

　드라마 『도깨비』의 뷰티풀 라이프(Beautiful Life)가 판타지일 뿐 결혼일 수 없는 건 무엇 때문일까?

　눈가의 눈곱도 뗄 새 없이 산발인 머리로 새벽밥을 짓느라 자던 잠을 멈추는 아줌마의 현실이 도깨비의 연인이었다면 그것도 뷰티풀 라이프라고 시청자들이 열광했을까?

　한시도 떨어지기 싫어서 결혼이라는 법적 절차를 밟아서라도 함께하려던 아침이슬은 어느 밤에 지폈던 보일러에서 증발했을까?

　결혼과 동시에 사람들은 낚은 고기에게 먹이를 주지 않는 낚시꾼으로 돌변하는 걸까?

　먹이를 주지 않는 대신 가정이라는 멀티버스에 환승한다는 위로감 때문에 수십 년의 여정을 함께하는 걸까?
　그 멀티버스는 제대로 달리고 있는 걸까?
　정신없이 달리는 멀티버스에서 멀미가 나는 건 왜일까?
　멀미에 시달린 그들의 처방이 중도하차일까?
　중도하차하지 않고 달리는 멀티버스엔 어떤 멀미약이 상비하고 있을까?

어쨌거나, 중도하차하거나 그렇지 않거나 인생은 살아가는 것.
　하차한 그곳에 또 다른 버스 오거나 오지 않거나, 오는 버스 타거나 걷거나 그래도 인생은 가는 것.

여행을 마친 그녀에게서 집으로 돌아간다는 연락이 왔다.

"그렇구나! 그렇구나! 그렇구나!"

존나 잘 해!

"존나 잘해!
존나 잘해!
존나 잘해…!"

횡단보도 앞에서 초록 불을 기다리는 동안 고등학생들이 '존나 잘해'를 7번 말했다.

칭찬인지, 욕인지 아리송한 '존나 잘해'를 곱씹는 동안 반가운 초록 불에 숨통이 트이며 자전거 페달이 돌았다. 바퀴가 구르는 동안 뒤통수에서 또 다시 '존나 잘해'가 들렸다.

"넌 수학을 존나 잘해!"

존나 잘해를 따라 했더니 '존나 잘해'가 수학을 어지간히 잘하는 게 아니라, 그야말로 수학을 꽉 잡은 아이구나 싶었다.

욕 같은 대화로도 칭찬이 가능한 아이들을 보며
"아이구, 이놈들아! 말 좀 곱게 하지!"
라고 꼰대 짓을 하려다가 그만뒀다.

한참 욕도 할 때지.
그것도 그러다가 말지.

내가 고등학교 3학년이고 언니가 처음 직장생활을 시작했을 때 큰오빠는 저녁마다 엄마 방에 마실을 와서 언니의 회사생활 얘기를 듣곤 했다. 몹시도 추웠던 겨울날, 그날도 우리는 예전처럼 엄마 방 아랫목에 발을 넣고 언니의 상사가 야근을 시켰는데 일이 하도 많아서 종일 쉴 새도 없었다느니, 그래서 점심밥은 김치찌개를 시켜 먹었다느니 하는 얘기를 들었다.

언니는 사회생활이라곤 꼴랑 호텔 지배인으로 끝장을 본 오빠에게 직장생활의 코치를 받는다고 회사 이야기를 줄줄 이어갔다. 오빠가 언니의 직장생활을 코치하는 동안 나와 엄마는 여리디여린 언니가 사회라는 황량한 벌판에 홀로 나간 것이 대견하고 신기해서 윗목에서 윙윙거리며 봐달라는 TV 드라마도 무시한 채 언니와 오빠의 얘기를 들었다.

그러던 중 언니가 툭! 던진 한마디에 엄마 방은 순식간에 한기로 가득했다.

"아이! 쪽팔려!"

언니가 이렇게 말했다.
순간 군고구마를 까던 엄마의 손도 이 한마디에 TV 드라마의 일시 정지 장면처럼 멈췄다.

언니의 입에서 튀어나온, 듣도 보도 못한 금시초문의 신조어를 엄마와 내가 주섬주섬 무마하려 애썼지만, 순식간에 오빠의 냉랭한 눈빛이 언니의 눈에 꽂혔다.

"쪽팔려?"
"그게 무슨 말인데?"
"네가 몇 살인데 그런 말을 하는 거지?"
"회사에서 그런 말을 하는 거야?"

오빠의 호통에 언니와 나는 들숨과 날숨이 순차적으로 드나들 몇 분 동안 들숨에서 숨이 멎고 엄마는 "응, 꿍!" 하며 날숨을 더 쉬었다.

훗날 시간으로 치자면 오빠보다 훨씬 긴 기간 동안 직장생활을 했던 언니에게 오빠가 했던 처음이자 마지막의 사회생활 코칭이었다.
코칭의 핵심은 "고운 말 써라!"였다.

난 오빠의 태도가 맘에 들지 않았다.
쪽팔리다는 말이 자신의 얼굴이 뜨겁도록 부끄럽거나 수치스럽다는 말 같은데, 뭐 그 말이 그리 큰 욕이라고 목울대를 넘어가던 고구마도 놀라게 할 일이었을까 싶었다.

남자들은 친구들끼리 목소리도 높이고 욕도 하면서, 대화인지 싸움인지 모를 소리로 소통하면서 언니가 쪽팔린다는 말을 밖에서 배워온 게 뭐 그리 큰일이라고 크게 야단을 쳤는지 알 수 없었다. 아버지가 없으니까 아버지를 대신해 가정을 보살피느라 그랬다고 생각하니 오빠가 이해됐다.

고운 말, 거친 말, 예쁜 말, 미운 말.
말은 마음에서 나온다고 하는데 말이 거칠어지면 행동도 거칠어지는 건 사실이다.
정장을 차려입고 구두를 신었을 때와 티셔츠, 청바지에 운동화를 신었을 때 행동이 달라지는 것처럼 말이다. 그렇다고 해서 그 사람의 인격이 변하나? 난 그건 아니라고 본다. 그래서 그런 일시적 거친 말이야 크게 맘 쓸건 아니라고 본다.
"인마! 이 자식아!"가 가깝고 친한 친구끼리의 소통 방법인 것처럼 말이다.

제3자가 함께 있을 때도 그런 말버릇이 나온다면야 손 좀 봐줘야겠지만, 제3자 앞에서도 그렇게 한다면 그 친구는 이미 친구가 아니다.

친구의 격조를 떨어뜨릴 작정으로 그렇게 했을 수도 있고, 사리 분별을 제대로 할 줄 모르는 미숙아일 수도 있다.

사실 친구의 격조를 떨어뜨리려고 작정한 사람들은 거친 말이나 욕으로 하지 않는다. 그보다 더 고단수의 절묘한 방법으로 상대의 격조를 떨어뜨리는 방법을 택한다.

욕이나 거친 말로 상대의 격조를 떨어뜨리려는 방법은 동시에 자신의 격조도 떨어진다는 걸 알기 때문이다.

'존나 잘해'를 말하다가 얘기가 여기까지 왔는데 아무튼 '존나 잘해'나 '존나 싫어'는 아이들 세상에서 일상어가 된 지 오래다. 오히려 더 진화된 '개 좋아, 개 싫어'가 신조어로 나왔고, 더 업그레이드된 '빡 친다!(화난다, 열 받는다)'도 나왔다.

그렇다면 우리 기성세대들은 아이들의 '존나 잘해'를 어떻게 하면 고운 말로 인도할 수 있을까?

이럴 땐 말하나 마나
"냅둬!"다.

그냥 냅두는 게 상책이다.

냅두면 지그들끼리 쓰다가 버린다.

언니도 쓰다가 버렸고 나는 무진장 쓰다가 숱하게 버렸다.

"세 살 버릇 여든까지 간다."는 말도 종종 예외일 때가 많다.

내버려 두면 또 다른 신조어로 대체하거나 성인이 되면서 그 말이 유치하다는 걸 스스로 알게 된다. 유치함을 알게 된다는 건 어른이 된다는 거고 어른이 된다는 건 더 이상 치아에 유치가 없다는 거다. 그러니 이럴 땐 유치가 빠질 때까지 그냥 냅두는 거다.

달리는 자전거 뒤통수에 '존나 잘해'가 멀어진다.

옜다! 비다!

🌙 밥 한 공기를 뚝딱 먹어 치우고도 커피 물을 끓이는 내 모습은 일상이 된 지 오래다.

지난 일주일 동안 나는 쉼 없이 바빴는데, 무슨 일로 바빴는지 기억이 잘 나지 않는다. 무슨 일로 바빴더라?

월요일, 화요일, 수요일, 목요일, 금요일, 토요일, 그리고 일요일.

가방 하나를 오래도록 정리하지 않은 채 갖고 다니던 소지품을 하나씩 기억하듯 지난 일주일간의 일을 머릿속에서 꺼냈다.

그러는 동안 커피 물은 불 위에서 '보글보글'거리다가, '지글지글'거리고 '폭폭'대며 주전자 뚜껑을 들썩였다.

들썩이는 주전자 뚜껑이 재촉하는 소리를 따라 뜨거운 물을 찻잔에 부었다.

찻잔에서 보슬거리는 뜨거운 김이 유리창에 부딪혀 뿌연 안개처럼 창밖의 시야를 흐렸다. 그리고 창틀 끝에서 보슬비가 내렸다.

혼자 보글거리던 찻물이 보슬비와 만나고 '치이익 치이익' 자동차가 지나가는 소리와 닿았다. 세상은 어느새 찻물과 빗물과 자동차의 바퀴 소리가 만나 '취이익 취이익' 리듬을 탔다.

엄마도 커피를 좋아했다.
커피가 세상에 오기 전까지 보리차와 생강차와 귤 차가 세상 차의 전부였던 엄마에게 '커피'는 또 다른 엄마의 소통로였다.

인스턴트커피와 크림, 그리고 하얀 설탕을 담은 세 개의 병이 쟁반에 오르고, 플라스틱이거나 도자기이거나 유리컵이거나 되는 대로 사람 수를 맞춘 컵이 쟁반에 올랐다.

오늘처럼 비가 내려 쌀쌀하고 으스스한 날에 옆집, 윗집, 아랫집에 사는 아주머니들에게 달려갔다. 주전자에 담긴 뜨거운 물이 식을세라 한 손에 주전자를, 한 손에 쟁반을 들고 나선 엄마의 몸빼는 앞뒤를 다투어 바쁘게 움직였다.
엄마의 커피 쟁반에 보슬비가 맺히고 엄마의 머리칼에 뽀얀 비닐처럼 보슬비가 맺혔다.

커피를 마시며 치매 예방에 좋다는 민화투로 10원짜리 동전이 오가는 동안 엄마와 동네 아주머니들의 사생활은 하루 보고서 쓰듯 낱낱이 보고됐다.

"딸년이 어제저녁에 늦게 들어왔다."느니,
"딸년이 연애질에 정신 못 차리고 산다."느니,

믹스커피와 민화투가 판을 벌이는 '쩐의 세상'에 나는 늘 엄마의
도마 위에 올랐다.
연애질을 한다고, 밤늦게 들어온다고 잔소리도 할 수 없을 정도
로 내가 커버렸을 때, 엄마는 그렇게 '쩐의 세상'에 나를 올려놓고
'자근자근' 조샀다.

대파를 송송 썰 듯 다지는 칼 놀림처럼 '쩐의 세상'에서 나를 다
지는 엄마의 칼날은 일찍이 남편을 잃고 혼자 딸을 키우는 엄마만
의 카타르시스였다.
과년한 딸을 통제할 수 없는 엄마의 무력함은 군용 담요 위에 울
긋불긋하게 판을 벌인 쩐의 세상에서

"비가 오니 비가 걸렸네!"라며
'우산 쓴 비 패'를 '비 내리는 비 패'에 던지며 소통했다.

주전자에 끓인 물이 또다시 주전자 뚜껑을 '폭폭'이며 들썩인다.
유리창 너머 하얀 보슬비가 자동차 바퀴를 돌리며 '취이익 취이
익' 소리를 낸다. 거기에 엄마의 민화투가 판을 친다.

"옜다! 비다!"

얼리버드(Early Bird)

　　🌙 이메일을 확인하려고 컴퓨터를 켰다가 핫한 오늘의 뉴스에 기웃거리다 보니 한 시간이 지나고, 휴대폰 SNS에 새 글이 올라왔다고 빨간 숫자가 달려서 터치했더니 또 한 시간이 지났다.

　　영문 모르게 뛰어가는 시간이 기가 막혀서 잠시 거실에 나왔다가 TV 오락프로그램에서 배꼽 잡는 소리가 나기에 소파에 앉았더니 한 시간이 또 지났다.

　　무슨 시간이 이리 빨리 가는지 기가 막힐 노릇이라고 한탄하며 이리저리 서성대니, 또 한 시간이 지나서 하루 노동시간의 절반이 모두 날아갔다. 산 날보다 살 날들이 더 적으니 야무지게 시간을 쓰리라던 결심은 뉘 집 개가 짖는 소리였는지 기억이 가물가물하다.

　　세월은 유수와 같다는 게 유유히 흐르는 강물이 아니라 폭포에서 낙하하는 폭포수를 말하는 건가 보다. 스스로 시간 도둑이 된 내가 광기와 분기로 탱천해 봤자 날아간 4시간이 다시 돌아오진 않는다. 난 요즘 게을러 빠졌다.

아버지는 나를 아니 우리 남매들을 게을러 빠졌다고 했다.
여름이건 겨울이건 언니들과 옹기종기 모여 잠자는 방문을 활짝 열어젖히고 일어나라고 소리를 지르거나 오빠들 방문을 열고 불호령을 쳤다.

학생 신분에 늦잠을 자 봐야 휴일이거나 방학 때뿐이었는데도 우리가 아침 8시경까지 자리에 누워 있기만 해도 온 집안이 떠들썩하게 난리가 났다.

간밤에 늦게까지 남자친구를 만나고 온 둘째 언니나 전등 불빛이 새 나갈까 봐 창호지 문에 야전 담요를 치고 만화책을 봤던 셋째 언니와 나는 뜨고는 싶으나 떠지지 않는 눈을 비비며 잠자리에서 일어나느라 늘 괴로웠다.

비몽사몽으로 일어난 우리는 아버지가 잠시 집을 비우는 사이 쪽잠을 자고, 아버지가 귀가하면 부리나케 잠에서 깨어나 무언가 부지런히 하는 척을 했다.

삶의 철학이 부지런함이었던 아버진 밤 9시면 잠자리에 들고 새벽 4시경 일어나 드르륵거리고 달그락거리며 하루를 열었다.

언니들과 나 그리고 오빠들은 10시경이나 11시경에 잠을 자도 아버지보다 훨씬 늦은 8시경에 일어났다. 잠자리에 드는 시간이 아버지보다 겨우 1~2시간 차이 나는데도 일어나는 시간은 무려 4시간가량 차이가 났다. 이런 우리를 두고 아버지는 '게을러 빠졌다'고 하며, 게을러 빠져서 어디에 써먹느냐고 했다.

사실 그 당시 우린 별로 써먹을 데가 없었다. 써먹는 데라곤 고작 학교에 다녀오고, 설거지나 집 안 청소쯤 하거나 물을 푸는 펌프질 정도를 했을 뿐, 고시 공부하는 사람처럼 깊은 두뇌활동을 한 것도 아니었다. 그래도 우리는 아버지처럼 일찍 일어나는 게 어려웠다.

사춘기의 신체적 특성을 거세당한 우리는 아버지의 슬하에서 늘 게으르다는 이유로 야단을 맞았다.

일찍 일어나는 새가 먹이를 잡는다는데 우리는 늘 늦게 일어나는 새여서 먹이를 잡지 못한다고 했다. 먹이를 잡기는커녕 늦게 일어나서 야단맞고, 잠이 모자라서 쪽잠을 자고, 틈틈이 아버지 몰래 낮잠을 자다가 들키면 심장이 벌렁거려서 훨훨 날 수도 없었다. 대문 여는 소리에 발걸음 소리에 자다가도 놀란 새들은 두 눈이 벌겋게 충혈된 채로 노심초사 집 안 구석구석에서 푸덕거렸다. 잠자는 일은 늘 삶의 고단한 여정과 같아서 자도 걱정, 안 자도 걱정이었다.

그러나 일찍 일어난다고 해서 부지런할 수 있는 건 아니었다.
일찍 일어났으니 하루를 부지런히 살려고 하면 잠이 모자라서 활력이 떨어지고 일을 해도 능률이 오르지 않았다. 책상 앞에 앉으면 잠이 쏟아져서 집중할 수 없었고, 몸을 움직여 활동하면 머리가 묵직해서 짜증이 났다. 결국, 일찍 일어난 새가 부족한 잠에 잡아 먹혔다.

하느님도 부처님도 이기지 못 하는 졸린 눈꺼풀은 그냥 푹 자는 게 상책이었다.
푹 잤을 때 오히려 능률이 더 올랐다. 공부를 해도 집중이 잘됐고 머리도 상쾌해서 짜증도 안 냈다. 잠으로 피로가 회복된 몸은 충전된 만큼 또 다른 일에 도전할 수 있었다. 그래서 아버지가 우리에게 늦게 일어나서 게으르다고 했던 건 맞는 말이 아니었다.

오히려 게으르다는 건 이런 거였다.
요즘의 나처럼 아무 생각 없이 핫한 제목에 이끌려 이리저리 웹서핑하는 일, SNS 빨간 숫자에 매달려 시간 보내는 일, TV에 이끌려 시간 날리는 일, 이리저리 서성이다 한 시간 더 보내는 일, 이런 게 게으른 거였다.
그래서 게으르다는 건 행동이 느리거나 일하기 싫어하는 게 아니라 허튼 데 정신이 팔려서 시간을 제대로 쓸 줄 모르는 것, 핫한 것에 쏠려서 핫하지 않은 일이 귀찮아지는 것, 하기 싫어지는 것, 이런 게 게으른 거였다.

　주어진 시간을 아무런 목적 없이 '핫!' 해서 '핫!' 하게 쓰며 날려 보내는 일, 핫한 소비에 홀딱 데인 줄 알면서도 또 핫한 곳에 기웃 거리는 일, 그런 일을 자주 하는 게 게으른 거였다. 그래서 요즘 나 는 게으른 사람이다. 대체로 나는 혼자 있을 때 게으르다.

　그러니 혼자 있을 때도 게으르지 않은 사람 그런 사람을 부지런 한 사람이라고 할 거다.
　누가 보나 안 보나 자기 조절이 잘 되는 사람, 그런 사람 말이다.

노 마(老 馬)

“걸어가 봐, 걸으면 재밌어!”

길을 가다가 할머니 등에 업혀 가는 5살가량의 아이에게 걸어가
라고 꼬드겼다.
그러자 할머니도 함께 꼬드겼다.
“걸어가 볼까?”

할머니는 손주를 업고 어린이집 가방을 깍지에 낀 손에 들고 꾸
부정하게 걷고 있었다. 굽혀진 할머니 등에 업힌 아이는 두 손과
발을 휘저으며 흥얼거리고 즐거웠다.
할머니는 혹여라도 손주가 등에서 떨어질세라 말이 뚜벅뚜벅 걷
는 것처럼 조심스레 걸었다.

출근길 사람을 나르는 차들이 할머니 말과 수평으로 슝슝 달
렸다.

“걸어가 봐.

멋진 운동화도 신었네.

걸어가 봐.”

할머니 등에서 재미있다고 말놀이를 하는 아이를 꼬드긴 게 미안해서 초콜릿 하나를 건넸다. 초콜릿을 받은 아이가 쭈뼛쭈뼛 할머니 등에서 내렸다.

아이를 내린 할머니는 “아이구! 허리야.” 하며 굽은 허리를 폈다.

잘 걷네!

걸어 가봐.

재밌을 거야.

할머니 등에서 보다 더 많은 걸 볼 수도 있어.

걷는 게 얼마나 재밌는데, 걷다가 뛸 수도 있다고.

앞에 나타나는 강아지도 볼 수 있고, 또래 친구들도 만날 수 있고, 꽃도 볼 수 있어.

그러니 걸어 가봐. 이제 걸을 수 있는 나이잖아.

할머니가 업은 거라고?

할머니가 예뻐하니까, 할머니가 좋으니까 업은 거라고?

그렇다면 할머니를 더 아껴야지.

할머니는 너를 업는 게 엄마가 업는 것보다 더 힘들걸?

요즘은 젊은 엄마도 몸 망가진다고 아이를 업지 않아.

끌 것에 끌고 다니잖아. 아기를 태우는 유모차만 있는 게 아니야.

큰 아이를 태우는 수레가 있다니까. 자동차도 있고.

가까운 거리도 거기에 싣고 다니잖아.

걸을 수 있는 아이를 업지 않아. 걸리거나 태우거나 하거든.

할머니니까 희생하는 거라고?

할머니니까 좋아서 그러는 거라고?

할머니가 고마우니까 네가 크면 보답할 거라고?

그땐 이미 늦어.

그때쯤엔 할머니가 힘이 떨어져서 네가 보답할 기회도 만나지 못할 거야.

맛난 것도 사 드릴 거라고?

그때쯤 할머닌 맛난 걸 드시고 싶어도 맘대로 되지 않아.

어쩌면 이가 아파서 못 드실 수도 있고 관절이 아파서 외식하러 가는 것도 힘들 수 있어.

그러니까 지금 할머니를 아껴.

네가 걸을 수 있는 나이잖아.

지금 너는 걸을수록 튼튼해지는 나이야.

사람의 몸은 어른이 되면 돌계단 같은 거야.

수없이 밟히거나 비를 맞거나 바람이 불거나 해서 마모되는 돌계단 말이야.

아니 할머니쯤 되면 하루하루 닳아 없어지는 세숫비누처럼 된다고 봐도 될 거야.

그러니 할머니한테는 살살, 무엇이든 살살 해야 해.

그러지 않으면 그냥 물만 묻혀서 살짝 문질러도 닳아 없어진다고.

하물며 너를 업는 할머니의 관절은 어떻겠어? 그러니 아껴야지.

아껴야 너도 할머니를 오래도록 볼 수 있어.

무조건적 희생은 알고 보면 무모한 거야.

무조건적 희생을 계속 받기만 하다 보면 미안해져.

고맙기도 하지만 미안한 마음이 더 커질 거야.

그러니 미안할 일 많이 하지 마.

그래야 너도 훗날 후회하지 않아.

할머니는 부재만으로도 슬퍼서 후회할 일 만들면 슬픔이 더 커질 수도 있어.

그러니 걸어가.

"잘했어!"

“잘 걷네!”
“훌륭해!”

그렇게 걷다 보면 많이 클 거야.

먼 훗날, 공터에서 빈터에서

🌙 그렇다.

세상은 무섭고 달아날 수 없는 곳이었다.

김훈의 소설 『공터에서』 이야기 속 아버지, 어머니가 달아 날 수 없었던 무서운 곳이 세상이었던 것처럼 내 아버지 어머니에게도 세상은 무섭고 달아날 수 없는 곳이었다.

그래서 소설 속 아버지와 어머니가 무서운 세상을 견뎌내 인간의 몸이 산화하고 퇴화하는 병마까지 견뎠던 것처럼 내 아버지, 어머니도 긴 세월을 견뎠다.

피난민 시절 피 묻은 군복을 빠는 사람들로 만난 두 사람의 성적 합체, 마구간 같은 곳에서 합체했을 궁핍의 외로움, 혼자보다 둘이 견뎠을 외로움의 나눔, 그로써 태어난 그들의 자식들. 사랑해서 아이를 만들었다기엔 씨알도 먹히지 않을 억지 같은 변명. 세상은 무섭고 달아날 수 없었기에 견뎌낸 시간의 알맹이로 그들은 자식새끼를 만들었다.

7년여의 요양원 생활로 72세에 목숨 줄 놓은 엄마를 장수했다고 말하는 요양원의 위로나 병든 아버지의 성기를 보며 '저 성기로 나를 만들었을까?'를 자문하는 주인공에게서 인간의 생명이 바스러지는 퇴적물 같아 미래의 내 모습이 자식들에게 투영되는 것처럼 아찔했다.

책을 읽으면서도 무거웠던 마음이 책을 읽고 나서도 한강의 검푸른 물색 눈물로 그렁그렁하게 눈에 매달려 일상이 우울했다.

부모와 자식 간의 세대 차가 기껏해야 20여 년이거나 30여 년인데 무섭고 달아날 수 없는 세상을 살아 낸 사람들과 민주와 풍요를 누리는 세상 사람들과의 세대 차는 잘못하면 삶에 총구가 겨눠지는 세상과 총이 사라진 세상과의 차이다.

나는 내 아버지와 어머니의 삶을 이해할 수 없어서 그들의 삶이 고달프다 하지 않았다.

최소한 3년의 터울로 자식새끼 8명을 낳았어도 키우느라 힘들었다는 엄마의 투정을 들을 때마다 그러기에 누가 많이 낳으랬느냐고, 내가 어릴 적 풍선인 줄 알고 갖고 놀던 서랍 속 도구는 어디에 써먹었기에 평생 자식새끼만 낳았느냐고 반항하고 길길이 날뛰었다.

자식 안 낳는 일과 자식 낳는 일 조절하는 게 그렇게 어려운 일인지 소설 속 엄마처럼 산부인과 수술대에 오를 어미의 심정이 어떠했을지 가늠할 수 없었다.

그저 '그러길래 누가 그렇게 많은 자식새끼를 낳으랬느냐고.'

내 아이와 전투하듯 싸울 때마다 내 엄마처럼 자식 키우느라 힘들었다는 말을 할 때면 아이 또한 내가 어릴 때 한 것처럼 "엄마, 아빠가 사랑해서 나를 만들었잖아!"라고 말했다.

그래, 사랑해서 만들었잖아. 그러니 힘든 건 감수해야 하잖아.

26년, 고작해야 아이와 나 사이 26년의 간극에서 내가 내 엄마를 이해하지 못한 것처럼 나도 내 아이에게 이해받지 못했다.

그렇다. 세상은 무섭고 달아날 수 없는 곳이었다.

사랑해서 만들었건 돌발적 욕구로 만들었건 자식을 긁어낼 수도, 덜어낼 수도 없었을 내 부모의 세상살이.

내 어머니 아버지도 작품 속 주인공의 부모와 별반 다르지 않은 삶이었지만, 어쨌거나 세상은 무섭고 달아날 수 없는 곳이었기에 8명의 자식새끼들을 혹처럼 덕지덕지 달고도 살아냈어야 했다. 그중에 나도 자식으로 달라붙어 엄마 젖을 빨거나 아버지의 수염을 붙들고 권 씨와 김 씨의 피를 내 몸에 혈연 했을 거다.

세상은 그랬다.

무섭고 달아날 수 없는 곳이었다.

지금 내가 사는 세상도 달아날 수 없는 곳이듯 내 어머니 아버지에게 세상은 더욱 그랬다.

내 아버진 한쪽 눈으로 무서운 세상을 살아내느라 노심초사하며 살얼음판 걷듯 가족을 다그쳤고 내 어머닌 한쪽 눈으로 집 밖의 세상을 두려워하는 아버질 대신해서 치마폭에 전대를 달았다.

내가 글을 쓰는 이 시간, 새벽 다섯 시, 엄마는 새벽 다섯 시에 묵을 잘라 켜켜이 얹은 궤짝을 이고 서울 가는 버스에 올랐다. 달아날 수 없는 세상의 시장 좌판에 묵을 내놓고 새벽부터 저녁까지 전대에 돈을 담았다. 그 전대에 자식새끼 8명의 목숨 줄이 붙었다.

과거사 힘든 정도야 주관적이어서 엄마가 힘든 것처럼 나도 힘들었다고 하지만, 내 엄마가 힘들었던 걸 이해하기까진 내 자식이 나를 이해 못 해 서운했던 시간이 다 가도록, 오랜 시간이 걸렸다.

내 어머니에게든 나에게든 세상은 무섭고 달아날 수 없는 곳이기에 그렇게 견뎌내야 했다. 그렇게 세상은 견디는 거였다.

그렇게 견디다 보면 훗날 내 자식도 그의 자식에게 그(그녀)가 견뎌야 하는 세상이었다는 걸 알게 하는 날이 오는 거다.

아주 먼 훗날, 그래서 더 먼 훗날, 공터에서, 빈터에서.

홀 릭(Holic)

🌙 아침의 기운이 해를 데려오면 몸이 살아나고, 으스름한 기운으로 해 없이 왔을 땐 물과 햇빛을 못 받은 반려식물처럼 내 몸도 덩달아 축 늘어지곤 한다.

하늘에 뜬 해가 구름에 가려지거나 미세먼지에 가려지거나 기압이 내려와 몸을 누르는 건 아무리 봐도 보이질 않는데, 분명 기압은 내 몸 사방을 누르고 있기에 몸뚱이가 옴짝달싹할 수 없게 뻑적지근한 것이리라.

어디에 있는 걸까?
어디쯤에서 나의 몸, 그리고 그녀들의 몸을 겨냥해 기압레이저가 쏘아지고 있는 걸까?

이러다가 구름이든 미세먼지든 기압이 물러가고 나면 언제 그랬느냐는 듯 나와 그녀들의 몸은 물 만난 물고기마냥 외출을 준비하고 사방팔방 돌아다니며 건강한 웃음으로 세상을 살 거다.

오늘도 그렇다.

아침나절 잔뜩 찌푸린 기압과 해가 쓴 가면 덕에 하루를 시작하는 게 아침인지, 저녁나절인지 도통 모를 기운에 일정의 반을 미루고 책을 읽다가 신문을 읽다가, 멍 때리고 있다가 오전 시간 모두를 흘려보냈다.

반백의 세월에 발을 디딘 순간부터 내 삶의 이런 증상은 뱀처럼 똬리를 틀고 앉아서 당최 풀리지 않는다.

마음이 늙으면 몸이 늙는다 하고 몸이 늙으면 마음이 늙는다는 늙음의 불안이 삶을 지배할 때마다 세상 만물은 생과 성과 사하는 이치라는 걸 한 터럭 곁에 두고 위로받으며 또다시 '끄응' 소리로 엉덩이를 추켜올려 일터로 나가곤 했다.

일하지 않으면 죽은 거나 마찬가지라는 어릴 적 엄마의 훈계는 내 나이 엄마 나이쯤 돼서 방언처럼 터져 나와 앉으나 서나 일 타령으로 쉬는 게 좌불안석이다.

젊었을 때부터, 정확히는 고등학생, 대학생 아르바이트, 직장인, 작은 사업, 어쨌거나 나는 일할 수 있는 나이부터 일을 했으니 100세까지 복 받을 수명이라면 30년을 넘게, 그러니까 인생 30퍼센트를 일하는 에너지로 쓴 셈이다.

사지 멀쩡하고 눈 보이고 귀 들리니 무슨 일이든 할 수 있다는 자신감이 폭발할 지경의 청년기엔 그 많은 일을 하고도 에너지가 넘쳐나 객기와 색기와 밤거리의 운동장에서도 뛰어놀았다.

뭐든지 과하면 못 쓴다고, 과유불급을 책에서 배워도 몸 따로 마음 따로 세상에서 춤을 추는 걸 멈추지 못해서 당장 맞아 죽어도 과한 것으로 몸과 마음에 폭식하였다.

구두 빨 158센티 운동화 빨 153센티의 작은 몸에서 머리는 크게 자라 사사건건 생각이 많고 유달라서 어느 무리에 속해도 튀거나 자폐하여 별스러웠던 청춘.
그 청춘도 오늘 아침처럼 뿌연 가면 쓴 해가 들락날락할 때면 별 볼 일 없는 유기체의 지난 역사였다는 걸 알려주곤 한다.

늙음이 죄인가, 나이 듦이 죄인가? 수년 전 TV에서 탱탱한 몸으로 청춘을 과시했던 연예인도 아이 낳고 사는 수년간 중년으로 변해서 머리가 하얗고 주름이 진한데, 내가 늙는 게 뭐 어쨌다는 건가?

젊음이 재산이라는 내 속의 마음이 늙음은 재산을 잃어버린 것, 재산을 탕진한 것이라고 여겨서 늙음을 두려워하는 걸까?
청춘은 재산이라는 내 심리 속 명제가 재산이 없으면 죽는다는 논리로 나를 이끄는 걸까?

내 살아있음의 증거, 그걸 증명하려고 나의 늙음을 두려워하는 걸까?

그래서 이런 날, 찌뿌둥하게 흐린 날, 보글대는 사우나탕의 유혹에도 꾸역꾸역 일터로 가고 있는 걸까?

03

봄바람
날개 달고

내 안의 가다마이(가타마에)

🌙 호텔 결혼식장에 그녀를 데리고 가기로 한 건, 그저 그 시간에 특별한 스케줄 없이 그녀가 혼자 집에 있어야 하는 것과 저녁 식사시간에 열리는 결혼식에서 한 끼를 해결하고 오자는 의도이기도 했다.

토요일 오후에 집에 머물게 된 그녀도 11시까지 늦잠을 자고, 온종일 한 일이라곤 헬스클럽에 다녀온 것뿐이라서 평소처럼 세수를 하고 화장을 하고 엉덩이까지 닿는 긴 머리카락을 '웅웅'거리는 드라이기로 말리는 걸 하지 않았다.

그래도 화장으로 완성하는 그녀의 Before와 After의 모습은 언제나처럼 경이로웠다.

집에 혼자 있느니 친지 결혼식장에 함께 가자는 말에 다른 때 같으면 싫다고 거절했을 그녀가 선뜻 따라나선 것은 그녀도 어느새 결혼이라는 게 남의 일이 아닌 것처럼 'ㅂ'자 소리가 나는 과년한 나이가 되었기 때문인 듯도 했다.

평소 좀처럼 신지 않던 하이힐과 몸에 꼭 달라붙어서 미이라처럼 몸뚱이에 천을 둘러맨 것 같은 원피스를 걸치고 '따각따각' 걸을 때만 해도,

"세상 어떤 놈이랑 살게 될지 그놈은 참 좋겠다."
라는 감탄이 그녀의 엄마 입에서 흘러나왔다.

결혼식장은 화려하고 고급스러웠다.
20여 개쯤 되는 원탁에 앉아 있는 중년과 노년의 하객들은 그들의 딸이 혹은 아들이 결혼한 날을, 아니면 앞으로 결혼할 날을 회고하거나 상상하는 듯, 몽롱한 눈빛으로 샹들리에 아래의 럭셔리한 공간을 이리저리 왔다 갔다 했다.
결혼식장 중앙과 벽면에서 쏟아지는 신랑·신부의 사진이 스크린의 하얀 면에서 위로 아래로 그리고 옆으로 출렁이며 춤을 췄다.

그녀와 그녀의 어머니도 넋을 잃고 스크린에서 그녀를 타거나 가느다란 실로 엮은 웨딩 촬영 사진들이 오가는 동안 정신 줄을 빼놓은 채 입을 '쩍' 벌리고 좀처럼 닫지 못했다.
그리고 딸과 엄마가 약속이라도 한 듯 얼굴을 맞대고 말했다.

"예쁘다."

결혼식이 진행됐다.

결혼 서약식을 하기 전 주례사가 신랑과 신부를 소개했다.

"신랑 000은 훌륭하신 111 님의 자제로 명문대학 222 대학 경영학과를 졸업하고 333 전자의 과장으로 재직 중이며, 신부 555는 666 님의 자제로 같은 명문대학 777 대학 의과대학을 졸업하고 산부인과 전문의를 하고 있으며…"

그리고

간단한 신앙서 한 구절을 인용하며 주례사를 마쳤다.

주례사가 끝나고, 와인과 스테이크로 저녁 식사를 하던 그녀가 원탁에 둘러싸인 친지들의 프로그램에 걸렸다.

"000아! 네가 지금 몇 살이지? 너는 지금 뭐하니?"

그 순간 붉은 고기를 자르던 그녀의 어머니가 오른손에 칼을 '불끈' 쥔 채 고기 대신 그녀의 말을 잘랐다.

"공부하며 아이들 가르치고 있어요."

원탁의 친지들은

"음, 공부하며…. 그렇구나."
라고 짧은 말을 긴 말로 흐린 채 접시 위의 고기를 썰었다.

딸의 말을 가로막은 그녀의 엄마가 그녀의 귀에 대고 주례사를
원망했다.

"주례사가 뭐 저 모양이야?
명문대 나오고, 대기업 다니고, 의사가 직업인 게 신랑·신부야?
이 많은 하객들한테 신랑·신부 소개할 게 그 얘기밖에 없어?
신랑·신부가 어렸을 때 오줌 싸고 야단맞고 했던 재밌는 얘긴 없
는 거야?
이 결혼식 재미없다 그치?"

순간, 그때까지 어른들 눈치 보랴 결혼식장 분위기 보랴 맥을 못
추던 딸의 고개가 꼿꼿이 서더니 평소 한 모금도 마시지 않던 술을
입에 댔다.

붉은 와인 잔을 손에 든 딸이
"원 샷!"
와인 한 잔을 단번에 들이켰다.
그녀의 엄마도 잔을 들었다.
"원 샷!"

어여어여 식사가 끝나고 배와 가슴을 조이는 원피스와 하이힐을 벗고 거실에 벌렁 누우면 소원이 없겠다고 생각한 딸이 물었다.

"엄마, 집에 언제 가?"

사실, 그녀의 딸이 공부 중이라는 건 접대용 멘트고 진실과 현실을 말한다면 그녀는 현재 '백수'다.
취업이 어려워서 전문직 공부를 하겠다고 나섰으니

'그녀는 지금 공부 중'이라는 되먹지도 않은 ~ing형으로 실없는 말을 할 기회를 얻은 것뿐이다.

언제 자신이 목표한 걸 달성할지, 아니면 자신의 목표대로 인생을 살 수 있을지 알 수도 없는, 그저 앞날이 뿌옇고 아득하기만 한 백수라는 말이다.
그래도 밥상을 넘어 튀어 오른 바윗덩어리 프로그램에 딸이 다칠 걸 염려한 그녀의 엄마는
당신들의 논리에는 이런 논리가 어울린다는 식으로 날아온 바위를 받자마자 되받아쳤다.

샹들리에의 불빛 아래 온화한 웃음을 짓던 주례사는 왜 그런 주례사를 준비했을까?

세상엔 2%의 그런 자보다 98%의 저런 자가 더 많다는 사실을
알고 있는 걸까?

'세상은 노력하면 살 만한 곳'이라고 누군가 하고 있다는 스펙을
따라 하고, 눈만 뜨면 영어로 '쌀라쌀라' 하는 뉴스를 듣고, 미국 영
화를 보고, 한국어 문법도 제대로 모르면서 코쟁이 언어의 문법은
귀신처럼 알아먹는 저 젊은 처자에게서 혼까지 빼놓아야 했을까?

얼과 혼이 빠진 그녀는 얼마나 공허했을까?

기왕 태어난 것, 세상이 온통 내 것인 양 가슴을 쫙 펴고 팔자걸
음으로 걷는다는 그녀에게 '세상이 내 것'이 아니라 '그들의 것'이었
다는 영혼이 드나들게 되는 건 아닐까?

그녀의 어머니는 그녀의 딸이 현실의 백수인 걸 왜 말하지 못했
을까?
현실의 백수이면 안 되는 걸까?

결혼식장을 총총히 빠져나온 딸이 엄마에게 말했다.

"엄마, 왜 나를 그냥 백수라고 말하지 않고 공부한다고 말한 거
야?

　그냥 백수라고 말해도 돼. 굳이 공부한다고 말하지 않아도 돼.
나 괜찮아.”

　순간, 딸이 생일 선물로 사준 명품가방에 비닐봉지로 돌돌 말아
싸 왔던 운동화를 꺼내든 엄마가 무릎 관절을 진동하는 하이힐과
바꿔 신으며 힘주어 말했다.

　“엄마도 지키고 싶은 가다마이(가타마에)가 있다!”
　“집에 가자, 춥다.”

　지하철 출입구를 들어선 모녀의 다리에 바람이 몰고 온 낙엽 두
장이 붙었다.
　바람 불어 찬 다리에 낙엽 붙었다.

쥐기뿐다

🌙 기분이 확 좋았다가 확 나빴다가, 버럭 화를 내면서 급 우울해지는 조증과 울증이 반복적으로 왔다.

조증으로 기분이 널을 뛸 땐 오버하는 행동에 주위 사람들이 덩달아 신나다가 경계했고, 울증으로 소파가 꺼지라고 몸을 처박을 땐 TV 드라마만으로도 눈물과 콧물을 찍어내며 세상사는 게 허무했다.

감정의 기복이 감당할 수 없을 만큼 들락날락하는 동안 내 푸념과 고민으로 전화를 받아야 하는 주변인들은 큰비에 흙탕물 튀기며 지나는 자동차 바퀴를 만난 것처럼 길을 가다가 잠을 자다가 화들짝 놀랐다.

전화를 받자마자
"이번엔 또 뭔데?"

언니는 이제 하도 들어서 어지간한 푸념은 눈 깜짝도 않는다며 설거지와 전화통화를 동시에 하는 여유도 보였다.

내 푸념이 길거나 깊어서 들어주기 힘들면 수도꼭지를 콸콸 틀어 내 말을 털어냈고 그냥저냥 들을 만하면,

"끙! 사는 게 뭔지!"

내 마음에 공감하는 건지 긴 푸념을 받아줘야 하는 친족의 혈연이 원망스러운 건지 도통 모를 긴 호흡을 했다.

조증의 높은음을 낼 때마다 세상은 살 만했고, 울증의 저음을 웅얼거릴 때마다 세상은 활활 타던 장작이 폭우에 맥을 못 추는 것처럼 허무했다.

살면서 한 번은 온다는 갱년의 시간이 한강의 둑처럼 길게 누워 걸을 만하면 폭우가 내리고 해가 나와, 내리쬐는 햇볕으로 목과 팔과 엉덩이에 땀띠가 내리며 눈물이 내렸다.

사람들은 어떻게 살고 있을까?

사람들은 어떻게 견디고 있을까?

땡볕을 피하는 개미의 수군거림처럼 조심스런 길을 가고 있을까, 폭우와 굉음의 큰 소리에도 꿈쩍 않고 길을 가는 자동차처럼 달리고 있을까?

이 또한 지나가리라는 말도, 나를 뒤돌아보라는 말도 위안이 되지 않는 나의 조,울은 한참을 기다가 한참을 눕다가 한참을 뒤척이다가 세상으로 나오더니 길의 미용실에 멈췄다.

머리를 자를까, 파마를 할까?

"제가 원하는 스타일은요…."

내 말이 끝나기도 전에

"이 방식, 저 방식! 두 가지가 있어요. 둘 중의 하나를 택하세요!"

미용실 원장이 명한 헤어스타일에 조용히 침잠하던 내 화가 치밀어 결국 붙었다.

"나는 그 두 가지 방식 어떤 것도 원치 않아욧! 제가 원하는 스타일로 해 주라구욧!"

캥캥한 미용실 원장의 높은음 위에 더 높은 내 목소리 날아가 소리를 잡았다.

"칵!

고마! 조용히 하라카이!

지금 건들면 쥐기분다카이!"

만만찮은 갱년들 미용실에 모였다.

주사 맞는 날

 ☾ 나도 돈을 벌면 삶이 윤택해지고 인품도 고귀해지려나 했더니, 그런 건 먼 세상의 이야긴가 보다. 이번 겨울 지구 공기층을 점령한 독감 바이러스에 노출돼 열흘을 앓고 다시 열흘을 앓았더니 몸뚱이는 연체동물처럼 흐물흐물 해지고, 의욕은 개나 줘버린 사람으로 변했다.

반백을 살면서 집에서 누운 일은 술 병나서 맥을 못 추거나 부부 싸움으로 물어뜯어서 술 숨, 눈물 숨을 쉬는 경우가 전부였는데, 20여 일, 근 한 달을 누웠다 일어났다 하니 나이는 숫자에 불과하다는, 내 안의 최면이 독한 감기약에 싹 가셔버렸다.

싸돌아다니기 좋아하는 내가 반려식물처럼 발이 묶이니 종일 하는 일이라곤 방과 거실을 오가며 징징거리는 코를 풀거나 혼자 말을 중얼대며 종방 드라마 끝판보기가 전부였다.

'감기는 일주일'로 공식화된 내 인생의 감기는 일주일 후 물러가는가 싶었을 때 다음 날이면 또 다시 찾아왔다.

젠장!

신년을 맞아 뭔가 좀 해보나 했더니 몸뚱이가 발목을 잡고 시작부터 휘청댄다.

마음 같아선 새롭게 시작한다는 게 늘 'I CAN DO!'이건만, 몸뚱이는 뒷전에서 어림 반 푼어치도 없다고 발목을 잡으니, 새해 들어 나이와 의욕은 반비례로 가고 있다.

누워서라도 남은 힘 모아모아 뭐라도 할 량으로 치솟는 주식시장 전광판에 발을 디뎠다.

주식으로 울고 웃고 했던 과거의 경험이 성질머리만 더러워져 꽤 오래 발길을 끊었는데, 몸뚱이가 시원찮으니 이거라도 하려는 내 안의 베팅욕구가 또다시 스멀댔다.

잘나간다는 주식에 베팅했더니 돈을 땄다.
아니, 좀 더 고귀한 표현으로 '수익'을 냈다.

병상에서 돈을 버니 몸만 나으면 주식이든, 부동산이든, 영업이든 뭐라도 하면 마구마구 돈을 벌 수 있을 것 같았다.

대신 내가 현재 하고 있는 일에 대한 관심은 딴 나라 이야기처럼 관심에서 멀리밀리 사라졌다.

아픈 걸 핑계 삼아 눕거나 앉거나 어슬렁대며 주식 전광판을 들여다보고 있으니 글이 써지나, 책이 읽어지나, 스터디 단톡방에선

스터디하자고 톡톡 울어대는데 뭐라고 댓글을 달 수 있나?

온통 눈과 생각과 손가락이 주식 전광판에서 떠나지 못하는 게 환자가 아니라 폐인의 꼬라지다.

불로소득의 베팅 맛을 봤으니, 그 맛을 또 보고 싶어 몸이 안달이다.

현재 집중해야 할 게 독감 탈출 과제인데 독감 환자인지, 베팅환자인지 모르겠다.

주식값이 올라서 불타는 전광판을 보면 감기가 물러갔고 파도치는 물결에선 감기가 또 왔다.

불타는 전광판 앞에선 감기약 대신 소화제를 먹어도 감기가 나을 것 같았다.

그렇게 주가가 오르내리는 일주일 간격으로 성질머리도 덩달아 오르내리기를 반복했다.

13회 차의 드라마를 끝판 내기로 보는 동안 하루가 가고, 이틀이 가고, 사흘 나흘이 가면서 주가와 내 몸과 마음이 보름을 뭉갰다.

돈을 벌면 고귀하게 살아 보려던 내 꿈은 뭉개진 소파 위 이부자리와 거실 바닥에 뒹구는 약봉지에서 그저 삶이 이렇게 뭉개며

살아도 되는 건지 의문스러웠다. 처절한 내 삶의 자세가 좌절스러
웠다.

  고귀하게 산다는 게 그렇게 쉬운 거였다면 사람들 대부분이 고귀
해서 이 세상은 성스러운 사람들로 가득할 거다.
  애당초 고귀한 삶이라는 게 얼마나 큰 노력과 성찰을 해야 하는
건데 독감으로 누운 환자의 베팅질에서 고귀를 찾았을까?

  삶의 질이 떨어진 내 환경이 사나워서 극약 처방의 병원을 찾
았다.

  "저도 쎈 주사 놔 주세요!"
  "정신 좀 차려 봅시다!"

댁은 어떻수?

🌙 내가 가스 불을 껐더라, 안 껐더라?

현관 도어 록 소리가 났더라, 안 났더라?

지금 부엌에 오긴 왔는데 왜 왔더라?

나는 요즘 정신 줄을 어디다 두고 사는지, 정신 줄이 있긴 있는 건지, 넋 나간 빈칠이가 되어간다.

말이 그럴듯한 중년이지, 내게 중년은 가운데 중(中)의 중년이 아니라, 무거울 중(重)의 중년이다. 몸도 마음도 무거워서 한 가지 일을 하려면 시간도 오래 걸리고, 느림보 님보처럼 움직인다.

잽싼 매의 눈매처럼 순간 포착하던 거리의 변화도 늘어진 너구리의 눈처럼 느릿느릿 움직여서 변화를 느끼는 데 시간이 꽤 걸린다.

젊은 시절, 엄마의 걸음걸이가 느리다고 타박했더니 그 벌을 되돌려 받나 보다.

딸년이

"엄마! 걸음을 빨리 걸어야 늙어 보이지 않는 거야!"

라며 늙는 것도 서러운데 가슴까지 후벼 판다.

젠장!

나라고 뭐 빨리 걷고 싶지 않겠는가마는, 마음은 100미터를 11초에 달려도 몸은 11분에 가고 있는데 그걸 나더러 어쩌라고!

책에서, 인간의 노화는 20대 후반부터 시작된다고 하는데(이 책, 저 책 잡스럽게 본 게 많아서 어느 책에서 봤는지는 모르겠다), 여하튼 20대 중반부터 시작된 내 몸의 노화(퇴화)는 30대, 40대까지만 해도 워낙 밤낮으로 쏘다니느라 바빠서 그걸 느낄 새가 없었다.

그런데 쏘다니는 건 예나 지금이나 마찬가진데도 지금은 머리부터 발끝까지 세포 분열해서 산화하고 노화되는 미세한 분자의 움직임까지 선명하게 보이는 것 같다.

백옥같이 희어서 달덩이 같다던 낯짝은 누리끼리해지고 남자들의 구레나룻처럼 보송보송하던 볼때기의 솜털도 어느새 증발해서 화장하기 전과 후의 모습은 먼 나라 사람들이 만난 것처럼 낯설다.

내 인생 느지막이 공부 좀 하겠다고 책가방을 멨더니, 곧추선 허리 지지대가 왜 젊었을 때 안 하고 뼈마디 부실할 때 해서 힘들게 하냐고 지랄이다.

엊그제 들은 코쟁이 박사의 말에 의하면 앞으로 인간의 목숨 줄이 200살까지도 견디는 시대가 올 거라는 무시무시한 얘기도 있던데, 그건 그야말로 어마무시한 소리라서 한 귀로 듣고 다른 한 귀로 흘려야 할 소리 같고, 난 지금 당장 가스 불을 껐는지, 현관문이 잠겼는지가 궁금해서 내 노화에 어떻게 대처해야 할지가 더 깊은 고민이다.

할 일을 기억하기 위해 메모를 하고, 기억을 보관하기 위해 글을 쓰고, 새로운 것과 잊혀진 것들을 배우고 기억하기 위해 책을 읽고, 이슈를 알기 위해 신문을 읽고, 세 치 혀가 굳을까 봐 부지런히 수다를 떨고, 길 가다 넘어질까 봐 부지런히 춤을 추고, 세포의 산화를 늦추려고 소식(少食)을 하고….

나도 어지간히 노력하고 있다고!

그런데 나는 또 부엌에 왜 왔는지가 생각나지 않는 거냐고?
왜 꼭, 왔었던 곳을 되돌아가 봐야 왜 왔는지를 아느냐고?

그래, 난 이 플라스틱 통의 뚜껑을 가지러 부엌에 간 거야.
책상 위 플라스틱 통에 휑하게 나체로 널브러진 호두알을 덮으려고 부엌에 간 거야.
꼭 이렇게 두 번씩 왔다 갔다 해야 기억나는 거냐고!

내 탄식이 혼잣말로 거실에 떠다닐 때 TV 드라마의 중년들 나를 거들러 나왔다.

"오메!
난 시방 계단을 올라가다가 쉬는 중인지, 내려가다가 쉬는 중인지 모른다우."

"아이구! 난 밤에 잠이 깨면 잠을 자다가 깬 건지, 자려고 누운 건지 그것도 헷갈린다우."

근데,
혹시,
댁은 가스 불 잠갔수?

뿡, 뿡뿡

ꙮ 뿡!

"아이구. 아무 데서나 방구가 뿡뿡 나오네!"

은행 필기대에서 전표를 작성하고 있는데 앞에 선 아주머니가 방귀를

'뿡!' 뀌면서 무안한 듯 말했다.

주책이지, 주책이야!

아무 데서나 방귀를 뿡뿡 뀌어대고.

젊었을 땐 이런 눈길로 멸시하듯 쳐다봤을 내가 함께 방귀를 뀐 공범처럼 웃었다.

냄새만 배려해 준다면야 방귀 뀌는 게 뭐 대수라고.

솔직히 말하지만 나도 요즘 방귀를 잘 뀐다.

젊은 시절 직장에 다닐 때야 늘 사무실에 앉아 있는 시간이 많다 보니 방귀 한번 뀌려면 이 눈치 저 눈치 봐가며 참고 참다가 방

귀가 풀 죽은 방귀로 피식대거나 아예 시체방귀가 되기 일쑤였는
데 이젠 사무실에서 눈치 볼 일도 없고 앉아 있는 시간보다 돌아다
니는 시간이 많으니 방귀는 날개를 달고 아무 데서나 뿡뿡댄다.

　그나마 길을 걷다가 뿡뿡대는 방귀야 소음에 묻혀서 그러마 하
는데 이렇게 은행 필기대를 마주하고

　‘뿡!’
소리로 뀐 방귀는 아무래도 방귀 주인이 좌불안석일 수밖에 없
을 거다.

　며칠 전, TV 오락프로그램의 게스트로 나온 신혼부부 연예인에
게 남편과 방귀를 텄냐고 했더니

　“아뇨, 그건 안 텄어요!”
라며 수줍게 말했다.

　‘그래, 신혼 때 방귀 트는 게 쉽진 않지.
　내 친구는 신혼 때 남편이 밥상머리에서 방귀를 터서 이혼했다
더라.
　근데 그렇게 20년만 살아봐라!’
　콧방귀를 뀌며 그 대답에 토를 다는 순간,

시어머니뻘 되는 패널들이

"그럼, 그럼 방귀는 트지 말아야지. 그건 부부가 평생 지켜줘야 하는 예의인 거 같아."

라고 고상하게 얘기했다.

나보다 더 오래 사신 분들이 그렇게 얘기하니

역시 TV에 나오는 건 어려운 거라는 생각이 들었다.

60하고도 70살에 이르는 분들이 남편과 방귀를 트지 않고 지금까지 살았다면 저분들의 괄약근은 라텍스 고무처럼 짱짱하단 말인가?

카메라를 의식한 거짓말 같기도 하고, 나만 미개인인 것 같기도 해서 결국 패널 노인들의 말을 반 토막만 믿기로 했다.

방귀가 냄새만 고약하지 않다면야 방귀 뀌는 게 뭐 어떤가?

항문은 방귀를 뀌라는 기능도 있는 거고, 방귀를 꼭 뀌어야 사람은 건강하게 사는 거 아닌가?

병원에서 큰 수술을 받으면 방귀를 뀌어야 음식도 먹을 수 있으니까 간호사가 들락날락하면서

"방귀 나왔어요? 방귀 뀌세요!"

라며 '방구 방구' 하지 않는가?

그 귀한 방귀가 병원만 떠나면 천대를 받으니 참 안타까운 일
이다.

나도 연애 시절이나 신혼 초엔 방귀 뀌는 게 쑥스러워서 궁둥이
끝까지 밀려오는 공기 압력을 이겨보려고 무진 애를 썼다. 그 시절
엔 방귀보다 내 힘이 더 세니까 방귀를 이겨냈지만 지금은 다르다.

중년이 되니 내가 늘 방귀에 밀려서 자다가도
'뿡!'
걷다가도
'뿡뿡!'
일하다가도
'뿡! 뿡뿡!'

언제 어디서 터질지 모르는 방귀 소리는 수줍거나 창피하다기
보다

'방귀가 잘 나오니 소화가 잘 되나 보네,'
'가스가 차면 배가 아프니까 방귀를 뀌어야 해.'
라며 방귀는 생리작용이니 그 작용이 원활한 건 건강하다는 신호
로 긍정한다.

　훔쳐 먹은 나잇살에 덤으로 뻔뻔스러워져서일까, 인간 세상의 순리와 이치가 이해되어서일까?

　이젠 창피한 것도 왜 창피해야 하는지, 기능이 기능해야 하는 원리를 이해하니 인간 세상은 그저 조금 창피해도, 조금 쑥스러워도 그저 한때고, 방귀도 뀌면서 사는 게 사람 사는 세상이라는 생각이 든다.

　카페에서 글을 쓰는 중 옆자리에서 빵과 단 커피를 마시며 공부하는 대학생이 오른쪽 궁둥이를 슬쩍 들었다 내렸다.

"깍쟁이!"

　카페에 실방귀 흐른다.

도시 세상

🌙 올림픽대교를 걸어서 건넌다.

겨울 강의 찬 기운이 다리 위에 걸쳐 쌩쌩 달리는 자동차들과 만난다.

바람이 만난 찬 기운은 살을 에는 칼바람으로 눈과 코와 입에 통한다.

자동차 수십 대가 한꺼번에 바람을 몬다면 사람도 날려 보낼 기세다.

시속 70킬로 구간을 120킬로쯤으로 잽싸게 달리는 자동차는 어디를 향해 급히 가는 걸까?

춥고 길고 망망한 강의 반지름 경에 생명의 전화가 빨간색 119 글씨를 새기고 매달려 있다.

초록의 하트와 수화기가 연결된 로고는

"다시 생각해 봐요.

세상은 그런대로 살만하다니까요."

라고 말한다.

누군가의 손길을 기다리고 있지만, 결코 닿지 않길 바라는 인간
애의 묵언 속에 평생 쓸 일 없어도 혹시라도 쓰일 누군가를 위해
'차렷' 자세로 성실히 매달려 있다.

건너편 잠실 철교 위로 초록의 뱀 두 마리가 서로의 제 할 일을
하느라 교차하듯 느릿느릿 기어간다.

'치그덕 치그덕!'
긴 뱀이 기어가는 소리
'치그덕 치그덕!'

한 마리 뱀이 낼 소리는
"이번 역은 잠실나루역, 잠실나루역입니다."

다른 한 마리 뱀의 소리는
"이번 역은 강변역, 강변역입니다."

열차와 자동차와 강의 기세에 눌린 자전거는 거미의 움직임처럼
'싱쑹싱쑹'거리며 페달을 돌리고, 공중에 세상을 연 새떼들은 회
색의 강 위를 가벼이 난다,

강 건너 큰 병원의 굴뚝이

‘쁘끔 쁘끔’

연기를 토하고, 땅 위의 사람들 곁에 옷을 훌렁 벗은 중년 아낙들의 청동상이 풍만한 궁둥이를 불쑥 내민 채 포즈를 취하고 있다.

두 팔 들어 하늘을 향하거나 누군가를 부르거나 누군가의 말을 듣는 모양새로 우뚝 서 있다.

지금 막 생명의 전화 곁에 다가갔거나 지금 막 수술을 마친 중환자의 창 너머를 향해 소리친다.

“뭐라고요?”

“그런 일이 있었다구요?”

“에구, 쯧쯧!”

내가 머무는 곳, 저기 다리 건너 오밀조밀한 상자 속 한켠.

새 한 마리가 물에 닿을락 말락 강 표면에서 수평으로 날아간다.

날다가 날다가 정신줄 놓고 기어오르는 물고기 한 마리 낚을 량으로 팔팔 날고 있다.

그래, 세상은 아직 실만한 곳.

팔팔 날거나 거미처럼 기거나 뱀처럼 기거나 청동 여인처럼 궁둥이 내밀거나.

어쨌거나 살만한 곳.

이 세상.

이 도시.

사랑 그놈

　　🌙 창가에 기대어 이어폰을 끼고 조곤조곤 통화하는 아가씨 이빨에 분홍 립스틱 묻었다.
　　홍조로 달뜬 낯빛으로 보아 통화 중인 사람이 연인인가보다.

　　무슨 이야기를 나누는 걸까?
　　어떤 얘기를 나누기에 저렇게 행복할까?

　　아가씨의 미소를 따라 분홍 입술과 분홍 이빨에 눈이 오갔다.

　　옆으로 달리는 긴 차에서 지하와 지상을 오가는 빛과 어둠을 오가며 그녀의 눈도 떴다 감았다를 반복했다. 그녀가 어둠 속에서 그를 보고 빛에서 그를 보는 듯했다.

　　아가씨의 연인이 어떤 사람인지,

　　"그놈 참 좋겠다."

젊음만으로도 아름다운 처자가 사랑을 전하는 이어폰 속엔 얼마나 가슴 떨리고 달짝지근한 초콜릿이 들어 있을까?

사랑은 그랬다.
형태도, 맛도, 냄새도 나지 않는 사랑 그놈은 '알 수 없게' 그랬다.
자식에 대한 사랑, 부부의 사랑, 뭐 그런 거 말고 연인과의 사랑 말이다.

사랑은 할 때 더 행복할까?
받을 때 더 행복할까?

난 사랑을 할 때 더 행복했다.
젊은 시절의 사랑은 그저 미쳤다고만 했다.
상대의 보상이 무엇이든 난 사랑할 때 더 행복했다.

사랑에 미쳤다고 해도, 미쳤던 정신이 제정신으로 돌아왔을 땐 심신이 지치고 삶이 엉망이었어도 미친 사랑의 역사는 내 기억 서랍 속에 고이 저장돼 있다.

첫사랑이든, 짝사랑이든, 풋사랑이든, 맹목적 사랑이든 미쳐서 미쳐버렸기에 머리에 꽃까지 달았다.

짝사랑에서 눈곱만치, 풋사랑에서 풀잎만치, 맹목적 사랑에서 흘러가는 바람만치 사랑을 받기도 했지만, 그것만으로도 목마른 목을 축일 수 있었다.

사랑받는 기쁨보다 사랑하는 기쁨이 더 컸던 건 왜였을까?
사랑하는 게 사랑받는 것보다 내 욕구를 자발적으로 표현할 수 있어서였을까?
상대는 받고 있는 입장이라 기분이 개차반일지 몰라도 나는 사랑하니 그걸로 좋았다.

사랑할 땐 세상이 천국이고, 세상에 태어난 게 감사했다.
콩깍지가 낀 내 눈에 세상은 나이트클럽의 특수조명처럼 돌아갔다.

특수조명이 시답잖아 보이고, 조명발 받던 세상조차 실체가 보인 건 돌고 도는 세상에서 미쳐 탈진한 내가 더 이상 쓸 에너지가 고갈되었거나 이제는 밤이 지나고 낮이니 조명을 꺼야 해서였다. 그 후 또 다른 사랑이 왔을 때 머리에 꽂은 꽃은 떨어졌다.

혹여라도 탈진한 내가 풋사랑이거나 짝사랑이거나 맹목적 사랑으로부터 물 한 모금 더 마실 수 있었다면 그 사랑을 계속할 수 있었을까?

밤이 지나고 낮이 와도 특수조명을 끄지 않길 고집했다면 나는
계속 사랑했을까?

사랑, 그놈.
아무리 생각해도 '알 수 없게' 묘하다.

바람에 손 시리고 볼 따귀 시린 날, 아가씨의 분홍 입술과 분홍
이빨에 내 젊은 사랑 묻어간다.
긴 차에 미친 사랑 담아 지난다.

어? 아!

     🌙 어제는 주전자 물속에 커피를 부었고, 오늘은 콩나물 삶던 그릇을 통째로 태웠다.

정신 줄 놓친 걸 잡으려는 순간, 글쓰기 공부 학습자로부터 세탁기에 세제 대신 쌀을 넣고 돌렸다는 '건망증' 글이 도착했다.

건망 증세를 친구에게 말하자

"난 교회에 자동차를 끌고 갔다가 자동차를 두고 올 때도 있다."며 이미 일반화되고 보편화된 건망승 얘기는 놀랄만한 일이 아니라고 말했다.

딸에게 이런 나를 봐 달라고 호소했더니 공감받긴 그른 훈계만 돌아왔다.

"엄마! 그러니까 매사에 집중하라고, 집중!

엄마는 머릿속에 생각이 많으니까 한꺼번에 일을 처리해서 자꾸 실수하잖아!

집중해서 하나씩 해!"

"젠장!"

누군들 하나씩 처리하지 않았을까?

아니, 이젠 하나씩 하지 말라고 해도 하나씩밖에 할 수 없는 내가 뭐 슈퍼우먼이라고 여러 가지를 한꺼번에 했을까마는, 이런 나를 위로하기는커녕 훈계만 하는 딸 앞에서 더 이상 할 말을 잃었다.

역시 공감이라는 건 같은 처지를 겪어본 사람만이 할 수 있는 건가 보다.

나도 그랬다.

내 엄마가 지금의 내 나이쯤이었을 때, 건망증으로 깜빡이거나 몸놀림이 어눌해서 문지방에 발이라도 찧을 때면,

"그러니까 정신 줄을 붙들어 매"라며 엄마를 훈계했다.

그럴 때마다 엄마는 이빨 빠진 호랑이가 되어 젊고 사나운 딸의 송곳니를 경계하듯 꼬리를 낮췄다.

　부모가 세상을 떠날 때쯤, 그러니까 자식 나이가 50대쯤 되면 부모가 보여서 어른이 된다더니 내가 그 꼴이다.
　"어!" 하면 엄마가 생각나고, "아!" 하면 아버지 생각이 난다.

　인간이란 간사하고, 치사하고, 오만한 존재라며 막연한 인간 표상을 평가했던 것이 이젠 나를 향한 간사와 치사와 오만의 부메랑이 되어 구체적으로 찾아든다.
　나이가 들면서 손에서 책을 놓고 글을 놓으며, 편하게 볼거리를 찾아 TV 앞에 앉는 사람을 볼 때면

　"그러니까 늙는 거지!"

라며 뒤통수에 비수를 꽂았는데, 왜 그(그녀)가 TV 앞에 앉을 수밖에 없는 건지, 왜 그(그녀)가 복잡하게 생각하는 책이 멀어지는 건지 이해된다.

　노화의 신체화 증상이 호랑이의 이빨과 기세를 허약과 나약으로 변질시켰다.
　노인들이 저마다 어떤 행동을 할 때면 그럴만한 이유가 있는 거다.
　그래서 공감이란 자신이 겪었거나 자신과 비슷한 처지에 있는 사람에게서 더 이해받을 수 있는 건가 보다. 오롯한 역지사지다.

열악한 환경에 노출된 사람에게 그렇지 않았던 사람이

"음, 그렇군요! 얼마나 힘드세요?"

라고 공감한다고 해도 그건 서로 열악한 처지를 겪은 사람들이 공감하는 정도에 비하면 새 발의 피다.

그렇다면 세대를 뛰어넘어 젊거나 늙거나 환경이 열악하거나 그렇지 않거나 대상과 경계를 뛰어넘어 공감하는 사람들의 공감 능력은 얼마나 위대한 것일까?

남의 애기를 잘 들어주고 애기하면 마음이 편안했던 사람들은 얼마나 많은 세상의 풍파를 견뎌냈던 사람들일까?

그로 인해 얼마나 위대한 위로와 포용과 덕목과 품성을 갖춘 것일까?

인간의 정서가 타인에게 머물 땐 뭔가 홀리거나 편안해서일 텐데, 그게 바로 공감 능력인 듯싶다. 그래서 그런 사람에겐 늘 사람이 들끓나 보다.

그러고 보면 내가 그녀와 친한 이유도 바로 그거다.

이름하여 초능력자와 친한 건데 누구나 그런 초능력자 한 명 있다면 행복한 삶인 것 같다.

경험의 추

"이모, 모델하우스 구경 좀 하고 가!"

60세에서 70세가량을 달려가는 노인이 선캡에 선글라스를 쓰고 노란 금니를 내보이며 나를 잡았다.

이모!
이모!

나는 아직 50대이고, 낯빛으로 보나 걸음걸이로 보나 노인보다 훨씬 젊은데 이모라고 부르니 뒤통수와 앞통수가 동시에 얼어붙어서 잠자코 전단을 받았다.

며칠 전엔 오피스텔 분양 회사의 담당자가 대놓고 '언니! 언니' 해서 비유가 뒤틀렸었다. 덕분에 그 오피스텔이 수익성이 좋은 물건인지, 아닌지를 불문하고 "아, 됐습니다!"로 브리핑하는 것도 무시한 채 와 버렸는데 생각해보면 난 그런 호칭에 꽤나 까칠하게 구는 거 같다.

　공적인 호칭이야 회사를 대표하는 사람이면 대표님, 사장님이라
고 하고 교수면 교수님, 선생님이면 선생님, 의사면 의사 선생님,
학생이면 학생인데 일반적 호칭, 그러니까 아주머니나 아저씨나 가
게의 직원을 부르는 경우, 그러니까 딱히 어떤 호칭으로 불러야 할
지 표준화된 호칭이 정해지지 않은 경우 말이다.

　영어권의 사람들처럼 뭉뚱그린 호칭, Miss와 Mr, Mrs, Ms,
Madame,
　뭐 이런 종류의 호칭이 있다면야 나처럼 까탈스럽게 구는 사람이
없지 않을까 싶기도 한데, 유독 내가 적당히 넘어가도 될 만한 호
칭에 심지를 돋우고 있어서이기도 할 거다.

　반대 상황도 있긴 하다.
　피 끓는 젊은이들이 음식점이나 술집에서 나이 많은 여성 직원에
게 부르는 호칭이다.

　"이모!
여기 골뱅이 무침 추가요!"

　아이고!

　　이런 경우 가짜 이모는 진짜 이모보다 더 친절하고 상냥하게 골뱅이 무침에 국수사리 서비스까지 잽싸게 공수한다.

　　그러나 나는 아직까지 젊은 남성들이 외치는 '이모' 소리는 들어봤어도 젊은 여성들이 나이 많은 남성 직원에게

　　"이모부! 삼촌!
　　여기 소주 세 병 추가!"
라며 부르는 소리는 들어본 적이 없다.

　　대신
　　"사장님! , 여기 소주 세 병 추가!"라거나 "여기요….."
라는 소리는 들어봤다.
　　내 밤거리 술 문화에 30년이 부족해서 그럴 수도 있다.

　　호칭으로 신기한 건 또 있다.
　　박사님이다.
　　이건 길거리 전단을 받을 때처럼 일반적 호칭은 아니지만
　　누군가 박사학위가 있으면 원래 있던 사장님이나 원장님, 강사님,
이런 직책의 호칭에서 별안간 학위의 호칭으로 바꿔 부르는 거다.

　　박사가 학위지, 직책을 나타내는 호칭인가?

그럼 학사와 석사는 왜 호칭으로 쓰지 않는 걸까?

박사의 희소성 때문일까?

박사 얘기는 내가 발끈하는 '이모' 얘기에서 약간 벗어났으니 차후의 도마에 올리기로 하고, 이번엔 이모 얘기에 집중하자. 까칠한 내 성격 이 정도면 알 만하다고 할 거다.

그나저나 이모 한 마디에 감정의 롤러코스터를 타는 나는 왜 길거리 그 이모, 언니가 싫은 걸까?

그건 내가 나의 호칭으로 존중받고 싶은 욕구, 그러니까

"나는 이런 사람입니다. 그러니까 이렇게 불러 주세요. 길거리 이모는 내가 아니에요. 좀 더 나를 나로 인정해 주세요."라고 바라는 걸까?

그렇다면 나는 대체 길거리에서
어떤 호칭으로 불리고 싶은 걸까?

어머니?

사모님?

아주머니?

어머니는 내가 그분의 어머니가 아니니까 그건 아니고, 사모님은 내가 그분의 사장님의 부인이 아니어서 그것도 사절이고, 아주머니

는 내가 분명 아주머니인데도 반갑게 듣고 싶은 호칭이 아니다.

　그렇다면 나는
"저기요!"
라고 불려야 하는 걸까?
　이건 '못 먹는 감 찔러보는' 격인 거 같아 그래도 불편하다.

　그럼 영어권에서 길거리 전단 아주머니가 나를 만나면 뭐라고 부를까?
"Modame!"

오메!

내가 영어권에서 살고 있다면 마담이라고 불린다.

　전단 아주머니가 나를 부를 때,
"마담! 오피스텔 모델하우스 구경하고 가!"라고 하는 게 일반적일 거다.

　그런데 이 상황이 우리나라에서 일어났다면,
나는 '마담' 한마디에 더 꼭지가 돌 거다.
　소설 『마담 보바리』의 호칭을 읽는 건 아무렇지도 않으면서 말이다.

　내가 과거 직장 생활할 때 술집 주인을 마담이라고 부르는 남자들과 어울려 봤으니까 꼭지가 도는 거다.
　마담은 술집 주인의 호칭으로 저평가, 고착된 내 관념 때문에 그건 내 것이 아니라고 사절하는 거다.
　그래서 난 마담(Madame)이 싫으니 마담을 우리나라 말로 번역해서 들어야겠다.

　"아주머니! 아줌마!"

　젠장!
　아무리 코드 변환을 해도 나의 일반적 호칭은 '아주머니(Madame)'다.
　그런데도 난 왜 이리 긴 글의 '아주머니' 결론에도 그걸 부인하고 싶은 걸까?

　내 답은 이거다.

　"아줌마가 왜 아침부터 차를 끌고 나온 거야?"
　"마담, 이리 와서 술 좀 따라봐!"

난 너무 많은 걸 봤고, 너무 많은 경험을 했다.

"아주머니!" 구경

"Madame!"

종이 혁명

"난 이번 설에 시댁 갈 때 종이접시랑 종이컵 가져갈 거야. 종이
는 재활용되니까.
설거지 안 할 거야.
난 이제 설거지하는 거 싫어.
시댁 가면 주구장창 설거지만 하잖아."

"남편?
자기 남편은 시댁 가서 설거지해?
우리 남편은 집에서도 안 하는데 시댁 가서 하겠어?
안 해!"

"신혼 시절엔 하는가 싶더니, 그때 잠깐 했고,
이젠 그런 거 안 해.
회사 갔다가 집에 오면 TV 보고 잠자고, 그렇게 살았어.
부엌은 내 구역이야."

"남편한테 시댁에 가서도 부엌일 하니까 시댁 가기 싫다고 했더
니 자기가 하겠다는 말은 절대 안 하고 삐지더라고.
　그래서 나도 꾀를 낸 거야.
　하기 싫은 일을 하려고 시댁에 가는 것도 스트레스잖아."

"난 지난 추석에 선포했어.
　웬만한 건 다 종이컵과 종이접시로 해결하겠다고.
　추석에 해 봤더니 괜찮았어.
　종이는 재활용도 되니까, 뒤처리도 깔끔했고."

커피숍 옆자리에 앉은 주부들이 나누는 대화를 엿들었다.

세상에!
저런 방법이 있었구나.
요즘 젊은 주부들은 저렇게도 사는구나.
　요리는 젬병이니 설 명절이나 추석 명절이면 설거지통에서 진을
치고 거품 수세미로 아침에 닦은 접시를 점심에 닦고, 저녁에도 문
지르는 내 모습이 떠오르며 나도 슬슬 시댁 가기가 싫어지던 참에
종이컵, 종이접시 품목이 귀에 쏙쏙 들어왔다.

　종이 대접에 떡국을 담고, 종이접시에 반찬을 담고, 종이컵에 물
을 따라 마시고.

어릴 적 담벼락 밑에서 플라스틱 그릇에 모래 밥을 담고 모래 반찬을 담아서

"냠냠! 짭짭!"

먹는 시늉을 하고

"후루룩!"

국을 마시는 흉내를 냈던 소꿉장난이 실생활에서도 재현될 걸 생각하니 기분이 묘했다.

이 글을 읽는 독자도 물론, 기분 묘하다가 대략 두 가지 정도의 의견이 있을 거다.

"에구, 진상아!
설거지하기 싫어서 그런 꾀를 냈어?
그러려면 먹지도 말아야지.
그거 잠깐 하는 게 뭐가 어렵다고 그렇게까지 하니?"
이런 A형의 의견과,

"어머?

그게 뭐 어때서요?

명절이 뭔데요?

명절에 왜 시댁에 가는 건데요?

가족들 만나려고 가는 거 아녜요?

오랜만에 만나서 조상님들께 인사도 하고 살아있는 후손들이 얘기도 나누며 즐거운 시간 갖기 위해 가는 거 아닌가요?

그게 우리나라 전통명절 아닌가요?

그렇다면 중요한 건 가족들이 함께 나누는 즐거운 시간 아닌가요?

아들은 술상 받고 며느리는 요리에 설거지로 치인다면 그 시간은 가족 모두에게 즐거운 시간이 될까요?

오히려 집에 돌아오면 부부싸움만 할 텐데요?"

이런 B형의 의견 말이다.

눈치챘겠지만 A형은 시댁 식구나 남편의 생각일 가능성이 크고 B형은 며느리 생각일 가능성이 클 거다.

추측이 틀리다면 천사 같은 맘씨를 가진 며느리나 에너지 충만한 힘센 돌이 며느리가 A형에 손들었을 수도 있다.

어쨌거나 종이접시와 종이컵에 이야기 초점을 맞추려면 B형 생각에 주력해야 하는데, 그렇다면 왜 이런 현상이 나타난 걸까?

사실 현대인을 화들짝 놀라게 한 햇반을 끼니로 먹을 때도 햇반 플라스틱 용기가 그대로 식탁에 오르는 장면은 유쾌하지 않은 장면이긴 하다.

비록 전자레인지에서 한증막을 한 햇반이지만, 뽀득뽀득한 밥공기에 다시 담아졌을 때 밥의 모양새는 끼니로 더 대접받는다.

하물며 대가족이 모인 곳에 종이컵과 종이접시가 즐비한 광경이라면 명절이 실내 야영하는 날처럼 야리꾸리할 것도 같다.

문제는 이런 생각까지 하게 된 경위가 무엇일까이다.

무엇 때문에 명절에 종이컵과 종이접시가 국민 대이동의 반열에 끼어야 하는가 말이다.

왜일까?
당신은 아는가?

아이고!

       🌙 50대 중년 여성이 핑크빛 임산부용 자리에 앉아 눈을 감고 간다.

핑크 카펫의 발판에 두 발을 포개고

"핑크 카펫, 내일의 주인공을 맞이하는 자리입니다."라는 문구를 지그시 밟고 있다.

50대 여성도 임신이 가능할까? 임신했냐고 물어볼까?

글이 글로서 존재할 뿐 판독이 경시된 상황은 글을 읽지 않은 걸까?

읽기 싫은 걸까?

미처 읽지 못했다면 다른 좌석과 뭔가 다른 핑크빛 좌석과 임산부 문양을 보지 못한 걸까?

어차피 비어 있는 자리 임산부가 타게 되면 비켜주려는 생각일까?

운 좋게도 임산부가 타지 않는다면 자리에 앉은 당사자는 목적지까지 편안히 갈 수 있을 것이다. 그나마 가는 도중 임산부가 탄다면 자리를 비켜줄 의향도 있을 것이다.

그러나 그게 어디 쉬운가?

임신만 했다면 임신 1개월이든, 임신 3개월이든 임산부인데, 아직 남산만 하게 배가 부르지 않은 임산부는

"내가 임산부요!"

라고 임신진단서나 임산부 카드를 내밀며

"비켜주소!"

라고 해야 하는 걸까?

권리 주장에 민증 까는 것도 쪽팔리는데 이런 상황은 얼마나 뻘줌할까?

혹여라도 임산부가 타면 비켜줄 생각으로 앉았다면 왜 눈은 감고 있을까?

임산부가 타는지 안 타는지를 살펴봐야 비켜주고 말고를 하지 않겠는가?

배려석에 앉은 자신이 부끄러우니 아예 눈을 감고 외면하는 걸까?

우리나라 대중교통, 지하철과 버스는 인구감소와 인구구조 변화에 따라 좌석 구별이 급격히 변했다. 노약자 배려석은 애초부터 한

량에 2~3자리씩 있었지만, 노인 인구 증가에 따라 노약자 배려석이 많아지는가 싶더니 저출산 문제로 임산부를 위한 핑크빛 좌석도 생겨났다.

노약자가 노인과 약자를 말할 때 약자 속에 암묵적으로 임산부도 포함되지만, 이렇게 대놓고 임산부석을 더 할애했다는 건 국가가 그만큼 앉으나 서나 저출산 위기에 대처하고 있다는 의미일 거다.

내가 첫째 아이를 임신하고 직장에 다닐 때만 해도 임산부 배려석이라는 건 눈을 비벼도 찾아볼 수 없었다. 남산만 한 배를 하고 뒤뚱거리며 출근길 지하철에 타면 내 배는 승객들 사이에서 에듀벌룬처럼 둥둥 뜨는 기분이었다.

혹여라도 그 몸으로 버스를 났을 때 자리를 양보해주는 학생을 만나면 신의 가호를 받은 것처럼 고마워서 배보다 더 무거운 책가방을 받아줬다. 그나마 임산부로서 타인의 배려를 받으려면 배가 남산만 해야 타인의 측은지심이 발동했다.

타인을 공감한다는 게 같은 처지를 겪어 봤을 때 더 적극적인 것처럼 아기를 낳아본 아주머니들로부터 더 적극적 배려를 받을 수 있었다.

학생들이야 학교에서 선함의 윤리를 배우는 중이니 물론 자리 양보를 받기도 했지만, 임산부의 고통을 공감하지 않는 사람으로부터 자리 양보를 받는다는 건 어림 반 푼어치도 없는 일이었다.

사회적 약속이란 무얼 말하는 걸까?
내 나름대로의 해석에 의하면 사회를 구성하고 살아가는 사람들의 암묵적 약속.
자율적 약속이기에 지키면 땡큐요, 안 지켜도 법에 저촉되진 않는 느슨한 것.
그 느슨함에 배려와 협력과 감사와 의식 수준이 슬쩍슬쩍 버무려진 것.
그래서 오른손이 하는 일을 왼손이 몰라도 억울하지 않은 것.
그런 게 사회적 약속일 거다.

"녹색 신호등일 때 길을 건너라!"
는 법규보다 더 느슨한 사회적 약속,
그걸 실천하는 사람과 실천하지 않는 사랑들의 차이는 뭘까?

"다음 정차할 역은 선릉, 선릉역입니다!"

핑크 좌석에서 눈 감았던 중년 여성 내리자 앞에 섰던 중년 남자,
그 자리에 훌렁 앉았다.

아이고!

남자도 임신했다.

트레이닝

 ☽ 내가 올라탄 지하철에서 내린 연인 한 쌍이 큰 트렁크 하나와 배낭 하나를 거머쥔 채 어젯밤 혹은 조금 전 놓친 열차를 간신히 타서 목적지에 도착한 듯한 표정으로 잠시 마주 보더니 서로 입을 맞췄다.

쪽!

휜칠한 키에 수도승처럼 빡빡머리를 한 남자가 베기 바지와 굽 높은 워커를 신은 모양새로 보아 현역 군인은 면한 거 같고, 여자는 긴 머리카락에 롱코트를 입고 작은 가방을 어깨에 걸쳤다.

남자가 자기보다 머리통 하나쯤 키가 작은 여자와 입을 맞추려고 구부정하게 허리를 구부리며 여자의 키에 자신의 키를 맞췄다.

영화나 드라마의 이런 장면에선 여자가 발꿈치를 들고 남자에게 매달리듯 하며 키스하던데, 이 남자는 자기보다 작은 연인의 키 높이에 허리를 굽혔다.

'쪽!'

멋진 넘!

여자와 남자의 입술이 만나며 열차가 출발하자 열차가 몰고 가는 바람에 여자의 긴 머리카락 몇 가닥이 남자의 허리를 스쳤다.

아들이 군대에 가던 날, 그리고 남의 자식도 가던 날,
내 자식만 쌩고생을 할까 봐, 내 새끼만 적응하지 못할까 봐, 내 아들은 속이 불편할까 봐, 내 놈만 외로울까 봐 눈물 콧물을 짜며 세상 온갖 비애를 어깨에 짊어진 듯 제정신을 잃었었다.

자식 애착의 분리가 덜된 엄마는 훈련 기간 매일매일 인터넷 편지를 써대고 아들이 입고 간 사복과 신발 박스가 소포로 돌아왔을 땐 박스가 아들인 양 붙들고 어쩔 줄을 몰랐다.

울다가 웃다가 심드렁하는 시간의 공간이 발뒤꿈치의 굳은살 만큼이나 감각이 둔해질 무렵 아들은 복무를 마치고 집으로 돌아왔다. 엄마의 품으로 왔다.

　낯선 것의 경험은 처음에만 낯선 것이고, 처음에만 두려운 거라
는 경험치가 삶에 녹아들 무렵 아들은 또다시 새로운 경험에 발을
디뎠다.

　"연애를 해봐야겠어. 살면서 경험이 많다는 건 큰 재산이라고 엄
마가 말했잖아!"

　대학생 신입시절 여자만 만나면 까였던 놈이 이번엔 또 어떤 여
자한테서 그런 슬픔을 맛볼까 안 봐도 훤한 장면에

　"연애?
　좋지, 연애가 얼마나 멋진 건데!"

　얼마 가지 못해 까이거나 헤어지거나로 엄마의 품을 떠나지 못할
거라는 오만의 모성이 근질거리는 걸 애써 감추며 쿨한 엄마처럼
사이다 같은 말로 장단을 맞췄다.

　"많이 해봐.
　연애도 많이 해봐야 여자를 알 수 있어."

　요이, 땅!

총소리에 달리기로 준비한 것처럼 장단에 춤을 춘 아들의 연애
는 곡선과 직선, 그리고 사선까지 선을 긋고 면을 이어 각을 만나
더니 입체가 되어 날개를 달았다.

눈만 뜨면 여자친구, 숨만 쉬면 여자친구, 자나깨나 여자친구.

한 달간 몇 번이나 아들의 얼굴을 봤더라.
두 달간 몇 번이나 아들과 얘기를 했더라.
세 달간 몇 번이나 자정 내에 들어왔더라.

지하철에서 내린 연인의 키스가 아름다워서 흘낏흘낏 눈동냥으
로 멋진 연인을 동경했던 엄마의 감정이 아들의 연애를 만나자 냉
랭한 무표정으로 얼어붙었다.
찬물에 양치질한 어금니의 느낌처럼 시리고 아팠디.

"연애도 적당히 해야지, 과하게 빠지면 해로워."
"공부도 하면서 연애를 해야지, 연애만 할 거야?"
"이제 복학하는데 공부 좀 해야 하는 거 아니야?"
"진로는 준비하는 거야?"
"바깥 음식 자주 먹으면 건강에 해로워."

온갖 구실과 회유로 아들의 연애를 부정하는 채근이 연애 용광

로에서 씨알도 먹히지 않는 이물질이라는 걸 알아챈 엄마의 근성이 센 거 하나쯤 던져보자는 심산에서 특단의 조치를 내렸다.

"12시에 문 잠근다!"

문을 잠근다고 용광로가 꺼질까, 협박한다고 불길이 잡힐까?

연애는 멋진 거, 경험은 소중한 거.
키스는 달콤한 거.
인생에서 사랑은 값진 거.

활활 탈 때 멋지다는 내 안의 연애 세포는 이런 거로 이루어져 있는데, 아들의 연애는 내 머릿속 연애 회로에서 왜 경로를 이탈하는 걸까?

프로이트(Sigmund Freud)가 말하는 오이디푸스 콤플렉스(Oedipus Complex)가 아들이 질투하는 아버지에서 엄마가 질투하는 아들의 여자로 변질되는 중일까?

아들은 군에 다녀오면 부모 품을 벗어나, 여자를 만나고 결혼해서 손주를 만들고 이별하러 온다는 인생의 흐름을 눈치채지 못한 탓일까?

내 자식이 열차에서 내린 연인처럼 보이지 않는 건 왜일까?

정거장 한 곳에 주춤하던 연인이 두 손을 꼭 잡고 비가 머무는 도시로 총총히 들어갔다.

저들이 내 아들이거나 저들이 내 딸이거나.

아름다우니 아름다워야 하거나.

멋지니 멋져야 하거나.

이불빨래 하는 날

🌙 AI(Avian Influenza, 조류 인플루엔자)로 달걀 값이 올라서 식구당 1개씩 먹던 달걀부침 대신 채소 듬뿍 썰어 넣어 눙치는 오믈렛으로 먹은 지 수개월짼대 또 다른 AI(Artificial Intelligence, 인공지능) 얘기로 세상이 떠들썩하다.

그나마 한 계절 지나면 AI(조류 인플루엔자)도 잠잠해지니까 달걀부침도 맘대로 먹겠다 싶었는데, 이번 AI(Artificial Intelligence)는 저번 AI(Avian Influenza)와는 게임도 안 되나 보다.

한꺼번에 떠도는 AI 때문에 그 AI가 그 AI인 줄 알았더니 갸가 갸가 아니라 걔다.

마트에선 여전히 걔(Avian Influenza) 때문에 '1인당 1판씩'만 판다고 달걀 30구가 회색의 널빤지에서도 오만한 위용을 과시하지만, 마트 밖에 나가면 달걀 한판의 위용은 아무 쓸데 없다. 그저 인공지능이라는 AI, 걔가 스마트폰이며, 신문이며 TV, 라디오, 책에서 무성하게 삶을 지배한다.

대체 AI가 뭐길래 세상 사람들은 폭우가 쏟아져 간담이 서늘했던 밤하늘 아래서도 AI를 얘기했을까?

어쨌거나 오는 세상의 과학 세계로 또다시 세상이 격변할 테니 세상사는 게 녹록지 않아 먹고 살 걱정을 해야 하는 것만은 확실한 것 같다. 일자리, 노동의 상실을 얘기했을 거다.

어떻게 먹고살 것인가?

생존의 문제라면 나도 무척 궁금하다.

3차 산업혁명으로 컴퓨터 도스(Dos)를 배우기가 무섭게 점프한 디지털의 출현은 스마트폰을 익히기에도 바빴다.

문자기능, 인터넷 검색기능, 통화기능, 메모기능, 내비게이션 기능, 녹음기능…. 헤아려 봐야 열 손가락 안에 들까 말까 한 기능을 써 봤을 뿐인데, 벌써 4차 산업혁명이 예고된 세상에선 넋 나간 사람처럼 어이 상실일 뿐이다.

가전제품 한 대의 값을 치른 손바닥만 한 기계로 자판 기능 좀 익혔는가 싶었는데 음성인식 문자 어플이 나왔고, 전화번호 검색해서 냉면 한 그릇 배달시켰는데 "냉면!"이라고 말만 해도 신속 배달되는 세상이 된단다.

어쩌라고?

그래, 이젠 어쩌라고?

이젠 로봇이랑 살아야 하는 거야?

외로움을 달랠 구실로 분양받았다는 반려견이 아파트 칸칸에 들어찬 지금, 이젠 말하는 기계도 집안에 들어오는 거야?

반려견과 로봇과 사람이 함께 사는 거야?

로봇에 감정도 있으면 이젠 로봇과 소통할 수 있는 거야?

TV에서 강연하는 4차 산업혁명을 들으며 기가 막히고 코가 막혀서 설거지를 하다 말고 코를 '탱' 풀었다.

젠장!

그럼 이젠 어떻게 살아야 하는 거야?

로봇이 노동을 대체하면 나 같은 기계치는 어떻게 살아야 하는 거야?

로봇 작동은커녕 TV 채널도 제대로 돌릴 줄 모르는 나는 어떻게 살아야 하느냐고!

혁명은 정의로운 반란을 대변하는 용어인 줄 알았더니 자연인을 위협하는 용어로도 쓰는 거야?

남편에게 4차 산업혁명으로 일자리가 없어지면 노후에 어떻게 살거냐고 물었더니 명쾌한 대답이 돌아왔다.

"난 연금으로 살 거야! 개인연금 빵빵하게 들어 놨으니까 연금 받으며 살면 돼!"

흠, 그럼 난 홀쭉한 연금으로 어떻게 살지?

배우자 간에도 생존이 밀린 것 같아 갑자기 부아가 나고 울화가 치밀어서 욕이 튀어나왔다.

"빌어먹을 AI!
달걀부침도 못 해먹는 AI!"

과학은, 그리고 문명은 사람과 사람 사이를 독립된 개체로 명징하게 분리해서 피도 눈물도 없는 삶의 현장으로 들어왔다.

그럼 난 어떻게 살 것인가?

앞으로 얼마나 더 살 것인지도 명확하지 않은 이 시점에 미래를 걱정하는 내가 더 한심스러워 베란다 앞에 섰는데, 우뚝 선 102동의 아파트 건물이 눈에 확 들어왔다.

옳거니!
주택연금!
그래, 난 집을 맡기고 연금으로 살면 되겠네.
나도 살 순 있겠네.
제대로 사는 건지 아닌지 알 순 없지만, 그래도 살 순 있겠네.
가소로운 위안으로 평온해진 마음에서 비로소 화가 물러가고 강렬한 햇빛에 실눈이 된 내게 오랜만에 바삭바삭한 햇빛 내린다.

햇빛 내릴 때 이불 빨아 널고, 달걀부침 해 먹어야겠다.

술 바람 노래 바람

🌙 똥 누다 만 기분으로 2차 자리를 빠져 나온 그녀들이 다시 그곳에 가기 위해 택시를 잡은 건 희경이었다.

"왔다."

"타자."

"얼렁 타부러!"

소학교 시절 모조리 성장이 멈춘 짤딸막한 여자들은 혹여라도 잡은 택시 놓칠세라 조바심을 내며 하나, 둘... 택시에 궁둥이를 구겨 넣고,

"아자씨, 중곡 사거리요!"

택시 앞자리에 자리 잡은 희경이 소리치자 아저씨가 말했다.

"이렇게 타면 어쩝니까?

다섯 명이 갈 거면 두 명, 세 명으로 나눠 타야지 이러다가 적발 되면 나는 어쩌라구.

한 달 영업정지 먹으면 책임질 거냐구요?"

순간 하나, 둘, 셋, 마지막 꾸깃꾸깃 궁둥이 반쪽만 걸친 네 명의 여자와 앞에 탄 희경이 기사 아저씨의 한 달 치 벌이를 책임져야 한다는 돌발 상황에 호흡이 멈췄다.

"……?"

잠시 후 그녀들 중 가장 어린 창숙이 네 명의 날숨을 몰아쉬며 말꼬리를 잡았다.

"아저씨, 걱정마셔요. 제가 경찰국에 손닿는 사람 있으니 걱정 말 고 가시죠."

워~메!
잡것!
시방 잘못했다고 두 손 두 발 모아 빌어도 모자랄 판에 뭐한다냐 시방!

기본요금 거리에 다섯 명이 꾸겨 탄 것도 아저씨는 화딱지가 나는데 네가 시방 경찰쯤 알고 있다고 씨부린다냐?

꽃가루 알러지로 벌건 눈을 껌뻑이던 계순과 맨 나중 올라타 한 쪽 궁둥이의 주소가 위태한 정숙이 슬금슬금 눈치를 보는 동안

눈치코치 빠르기로 세상 사람 다 죽이는 성도가 창숙의 꿀벅지를 꼬집고 비틀며 눈치 했다.

"가만 있어야~.
찌그러져 있으라고.
이럴 땐 죽여줍쇼 찌그러져야 돼."

아나나 다를까, 기사 아저씨 뿔난 바통을 이으며 말했다.

"택시는 국토부 소속이거든요?
이런 위반 행위는 국토부에서 관리하다구욧?"

아저씨 말끝에서

"씨바!"

소리가 나오려던 순간, 산 낙지 다루길 식은 죽 먹듯 하는 희경이 끓는 육수 앞에서 바둥대며 쩍쩍 달라붙는 낙지 달래듯 말했다.

"아이구, 아자씨!
이눔의 애편네들이 그냥 오늘 워크샵인가 뭔가 댕겨오다가 2차 자리에서 빠져 나와갖구서니 그기 다시 간다고 엠병하구 우루루 몰려나왔다니께.
근디 하두 급히 갈려다 보니 다섯 명이 한 택시에 타분 거요.
맨날 집구석에서 밥만 하다 보니 시상 돌아가는걸 알겠능감?
미쳐부요.
하여간 미쳐분당게!"

반백이 넘도록 허구헌 날 산만 타고 남이섬엔 처음 가봤다는 희경이 여자 다섯 명은 오늘 모임에서 워크샵을 다녀왔다느니, 남이섬은 어떻다느니 옛날얘기 들려주듯 한참을 얘기하는가 싶더니 어느새 아저씨가 얘기 속에 빠져서 고개를 끄덕이며 맞장구를 쳤다.

"음, 음음! , 그랬구만, 그래요? 그렇지.
중곡동은 내가 꽉 잡았어.
어디까지 가시는데?
어디서 2차를 하는데?"

얼씨구.
희경의 손놀림에 뻑간 산낙지가 순순히 열탕에 입욕하듯 아저씨의 기분이 풀리고 자기 와이프 얘기 들을 때처럼 순해지는가 싶더

니 여자들의 워크숍, 여자들의 2차 모임에 맞장구까지 치며 좋아
한다.

"죽여분다!"

아자씨, 내가 산낙지도 달래는 애편네라우.
아자씨가 아무리 찐득찐득 승질 부려도 내 앞에선 세발 낙지밖
에 안 되부요.
긍게 어서어서 가부자구요.
어짜갔소. 이미 탄 거 무사히 가는 수밖에 더 있겠소?
산 낙지 그물에 걸린 아저씨의 표정이 달달해지는가 싶더니 미소
까지 지으며 여자 다섯보다 더 신이 났다.

"내가 중곡동 거리는 꽉 잡았지."

흥이 난 기사 아저씨가 여자들의 중곡동에 다다르자
희경이 바지춤에 낑궈 둔 천 원짜리 몇 개를 꺼내드니 기사 아저
씨가 말했다.

"이건 뭐예요?"

"차비!"

“얼마냐구?”

“칠천 원!”

“만원이면 만원이지 칠천 원이 뭐야?”

“이거밖에 없는디?”

기본요금 거리에 쏘리(Sorry) 비용으로 곱절을 더 얹은 희경이 배
시시 웃으며 말했다.

“안 받아요.
그냥 4천 원만 줘!”

“아자씨, 그냥 받으랑게!
우린 쩌그 보쌈집 앞에 내려주고 잉.
오늘 이 애편네들이 바람날 거 같다니께.”

“긍께 받으소, 4천 원. 이건 미안항께 3천 원. 쏘리 쏘리 마니 소
리, Money sorry!”

“아휴 칵!

이것들을 칵!
확 칵!"

보쌈집 앞,
기사 아저씨 택시 털자 다섯의 애편네들 날개 달고 내달린다.

"쩌기여. 쩌기 보쌈집, 아니 그 앞 노래방!"

오늘 저녁 애편네들 바람났다. 술 바람 노래 바람.

 누군가와 입을 트지 않으면 대중 앞에서 말하는 게 어려웠다.

강의 문의가 뜸하거나 일하는 게 귀찮아서 쉬는 기간이 길면 길수록 대중 앞에서 말하는 게 겁났다.

부정맥 환자의 심장처럼 강의가 두렵고 말하는 데도 자신감이 떨어졌다.

글도 그랬다.

일상이 바빠서 게을러서, 다른 핫한 놀이에 빠져서, 한눈을 팔고 또 다른 한눈만으로 글을 쓰려 할 때 여지없이 쓸 수 없었다.

그 핫한 놀이가 청년의 달뜸처럼 깊은 연애에 빠지거나 배움이 즐거워서 주구장창 배우는 놀이였다면 할 말도 많겠는데 그러지도 못했다.

그저 하루하루 시간을 소비하며 하루하루 돈 버는 것에만 눈독이 어른거려 내 궁둥이는 30분 이상 의자에 앉아있질 못했다.

매일매일 글을 쓴다는 일상의 목표가 하루, 이틀, 사흘, 나흘 하면서 일주일에 한 꼭지, 보름에 한 꼭지 쓰는 간헐적 행사로 미뤄지며 글을 쓰는 건 남의 일을 해 주는 것처럼 내 감정수위도 척박해져 갔다.

가르칠 땐 매일매일 쓰라고 가르치면서 정작 내가 실천하지 않는 삶이 부끄러웠다.
내 부끄러움이 도를 넘어갈 무렵, 물리적 장치로 나를 통제했다.
싸돌아다니는 일, 효율적 시간 사용, 일과 놀이의 적당한 시간 배분.

결국, 글을 쓴다는 건 나만의 시간을 확보하는 것.
나 스스로 자폐의 시간을 가져야 가능한 것.
그래서 나를 폐쇄했다.
내가 원하는 나의 시간이 글 쓰는 시간이라고 정의하여 그 시간엔 전화기를 끄고 집안일도 멈췄다.

주부의 시간이 오롯이 주부의 것이겠는가 마는 그래도 나만의 글쓰기 놀이를 위해 시간을 내야 할 땐 내 이기적 유전자가 톡톡히 힘을 발휘했다.

나는 내 일을 해야 한다며 집 밖으로 나갔다.

『2018 세상 구경』은 2년 전 출간한 『아니면 말고』 다음으로 세상과 살아가는 중년 아주머니의 세상 구경에 대한 말소리다.

세상 사람들 눈치 보며 사는 나이가 지나서인지 원래 성격이 까칠한 탓인지 까칠까칠한 글을 주로 쓰는 탓에 문장이 거칠고 생각이 유별나고 비판이 유별나서 참 특이하게 세상을 산다고 평가받는 게 나의 글쓰기 삶이다.

그나마 정신줄 조금씩 놓칠 무렵 한숨 한숨 다잡아 한 꼭지씩 써낸 나에게 감사하며 나의 생애 두 번째 책을 세상에 내놓는다. 『2018 세상 구경』.